RÉPONSE

A M. DE CHATEAUBRIAND.

PARIS. — IMPRIMERIE DE AUGUSTE AUFFRAY,

PASSAGE DU CAIRE, N. 54.

RÉPONSE

A M. DE CHATEAUBRIAND

SUR SA BROCHURE

DE LA RESTAURATION

ET

DE LA MONARCHIE ÉLECTIVE;

Par A. J. F. A. Cary.

PARIS,

CHEZ DELAUNAY, LIBRAIRE, AU PALAIS-ROYAL;

ET CHEZ L'AUTEUR,

RUE DE GRENELLE-SAINT-HONORÉ, N. 35.

1831.

RÉPONSE

A M. DE CHATEAUBRIAND

SUR SA BROCHURE

DE LA RESTAURATION

ET

DE LA MONARCHIE ÉLECTIVE.

En lisant la brochure de M. de Chateaubriand, je n'ai pu me défendre du désir d'y répondre. Les assertions qu'elle contient m'ont paru de nature à être réfutées. J'ai suivi ce penchant et je l'ai mis à exécution. Ce n'est pas sans crainte que je soumets mes réflexions au jugement sévère d'un public éclairé; mais considérant que c'est mon premier essai, enhardi par l'idée que je me fais de sa générosité et de sa bonté, sentimens inséparables de grands talens, j'ose espérer qu'il m'accueillera avec l'indulgence due à célui qui débute dans la carrière difficile des lettres, qu'il ne me jugera pas avec toute la rigueur qu'il serait en droit d'exercer envers une réputation déjà faite; et que, loin de me décourager, il daignera m'aider de ses conseils et de ses lumières, car je sens que j'en ai besoin : je lui en aurai une obligation infinie et lui prouverai ma reconnaissance par mon empressement à me soumettre à ses arrêts, quand, d'accord, comme je n'en doute pas, avec la raison et le goût, ils m'auront convaincu. Plein de ces sentimens, ce n'est pas sans trembler que je me suis décidé à exposer ce faible début à ses regards; mais je me rassure en pensant à sa justice et à son indulgence.

Pour que le lecteur ne trouve pas étrange le long espace que j'ai laissé écouler sans faire paraître cette réponse, je crois qu'il est convenable de le prévenir que, ne pouvant disposer de tout mon temps, obligé de le consacrer à mon existence, il ne m'a pas été possible de la publier aussi promptement que je l'eusse désiré. D'autres causes, qui n'ont pas l'importance de la première, mais qui, cependant, ont quelquefois suspendu mon travail, ont aussi contribué à en retarder la publication. Sa longueur, le soin que j'y ai apporté, les peines qu'elle m'a coûté, sont aussi des motifs sur lesquels j'appellerai son attention, pour justifier ce retard et pour qu'il me le pardonne. Répondre à M. de Chateaubriand, qui jouit d'une haute renommée, n'était pas chose qui pût s'improviser facilement et promptement.

J'espère que le public, juste et raisonnable comme il est, aura égard à toutes ces considérations, et qu'il voudra bien excuser ce délai en faveur des causes que j'en ai données.

Pour la commodité du lecteur, et pour qu'il soit plus à portée de comparer les deux opinions, j'ai l'honneur de l'avertir que j'ai transcrit ici les passages qui me semblaient susceptibles d'une réplique; ils sont marqués par de guillemets.

« Si la restauration avait eu lieu en 1796 ou 1797, » nous n'aurions pas eu la Charte, ou du moins » elle eût été étouffée au milieu des passions émues. » Je ne partage pas l'opinion de l'auteur à cet égard, qui, d'ailleurs, n'est appuyée d'aucun développement ni d'aucun raisonnement, où l'on ne voit ni la base ni la source, où il ne fait qu'exprimer une idée en l'air sans l'expliquer, comme le premier venu peut en concevoir sur toutes sortes de sujets, sans en avoir mûri ni approfondi la matière, et je lui dirai qu'en politique, je n'admets d'autre principe que la force; que c'est elle qui décide les questions qui s'y rattachent, et non une vaine et prétendue maturité de temps; que quand on est assez fort pour maîtriser le cours des événemens, il est facile de les comprimer, de dompter l'inopportunité des temps, qu'ils soient ou non propices à votre volonté. Que d'actes, que d'actions barbares et sanguinaires qui auraient dû renverser les gouvernemens qui les ont commis, s'ils n'avaient été les plus forts, viendraient à l'appui de cette opinion; que d'Alexandre, que de Sylla, que de César, que de Richelieu, que de Napoléon, déposeraient en sa faveur! Je suis étonné que M. de Chateaubriand, lui qui a été ministre, ambassadeur, qui a une si grande connaissance de l'histoire, semble reconnaître autre chose dans les affaires des nations.

Partant de ce principe, je lui objecterai que si la

restauration avait eu lieu en 1796 ou 1797, au milieu des passions émues, accompagnée d'une force qui les eût éteintes et lui eût permis de faire ce que bon lui semblait, il eût été en son pouvoir de donner une Charte à la France ou de la lui refuser; d'agir dans le sens qui se serait accordé le plus avec ses vues, et d'imposer sa volonté à cette nation, malgré les temps, malgré les lieux, malgré les circonstances.

De là, je conclurai que l'assertion de M. de Chateaubriand ne me semble pas juste; qu'en l'émettant, il n'a fait que construire sans fondemens, résoudre un problême sans l'avoir calculé, produire un effet sans en avoir expliqué la cause. Cette manière de raisonner, de passer sur les événemens, peut être commode, mais aussi elle est bien légère, bien superficielle.

« Buonaparte écrasa la liberté présente, mais il » prépara la liberté future (1) en domptant la révo- » lution, et en achevant de détruire ce qui restait » de l'ancienne monarchie. » Ces mots sont tout en faveur du principe que j'ai énoncé ci-dessus. Pourquoi écrasa-t-il la liberté présente? c'est parce qu'il fut plus fort qu'elle. Pourquoi dompta-t-il la révolution? c'est, encore une fois, parce qu'il fut plus fort qu'elle. Mais ce n'est point là-dessus que je veux attaquer l'auteur, puisqu'on connaît déjà ma façon de penser à ce sujet, c'est sur la confusion que pré-

---

(1) Liberté qui n'aurait jamais eu lieu s'il fût resté sur le trône de France.

sente cette phrase en la comparant à la précédente, sur la difficulté de voir comment elle s'y rattache, comment elle peut en être une déduction, si, toutefois, M. de Chateaubriand a eu l'intention, en s'exprimant ainsi, d'en faire le corollaire de l'une, de l'autre. Comme il m'est très difficile d'apercevoir du rapport dans les idées qu'offrent ces deux phrases qui, placées l'une à la suite de l'autre, semblent indiquer que la seconde est la conséquence de la première, de crainte de me tromper, de ne point tomber juste sur le sens que l'auteur a voulu leur donner, je ne hasarderai aucune réflexion, d'autant plus qu'il m'est impossible de le bien comprendre. Je laisse ce soin au lecteur qui, plus heureux que moi et plus habile, saura, peut-être, trouver le nœud de ces deux phrases. Quant à moi, j'avoue franchement que j'aurais eu besoin que M. de Chateaubriand se fût expliqué avec moins de mystère et un peu plus de logique, pour y voir de la liaison, de l'ensemble et de l'accord.

« La légitimité était le pouvoir incarné, en la sa-
» turant de libertés, on l'aurait fait vivre en même
» temps qu'elle nous eût appris à régler ces liber-
» tés. » Oui c'était le pouvoir absolu incarné, et non le pouvoir constitutionnel. Jamais cette légitimité n'aurait souffert qu'on l'eût saturée de libertés ; jamais elle ne nous eût appris à les régler. La phrase qui vient à la suite de celle citée ci-dessus : « Loin de comprendre cette nécessité, elle voulut ajouter
» du pouvoir à du pouvoir ; elle a péri par l'excès
» de son principe, » confirme encore cette assertion,

et, par elle, M. de Chateaubriand, son illustre défenseur, semble en convenir. De sa restauration à sa chute, ce n'est qu'une suite de preuves qu'elle n'avait d'autre but, d'autres intentions, que le rétablissement du pouvoir absolu; qu'elle ne considérait la Charte, qu'elle nous avait octroyée, que comme un passe-partout destiné à lui ouvrir les portes de la France, devenu pour elle incommode, depuis qu'il lui avait rendu le service qu'elle en avait attendu, et qu'elle croyait pouvoir aisément briser, une fois bien affermie sur le trône. Ces preuves sont : dans l'abolition du simple vote pour y substituer le double vote; changement qui n'était pas du tout libéral, c'était un commencement de violation de serment et le précurseur de la ruine entière du contrat qu'elle avait juré de maintenir; dans les fraudes électorales, commises avec impudeur, où se décelait un pouvoir qui ne respecte ni loi, ni morale, qui n'a ni foi ni lieu, un pouvoir, enfin, le plus complètement tyrannique; dans le renvoi de M. Manuel qui, d'après cette Charte, comme député en fonctions, devait être inviolable; dans l'esprit des traités que cette légitimité a eu occasion de faire durant le cours de son existence; dans la guerre d'Espagne entreprise pour abattre le système constitutionnel, remettre Ferdinand sur son trône, le symbole du pouvoir absolu, et dans la pensée d'obtenir de ce despote le même appui dans le coup d'état qu'elle a toujours eu en vue d'exécuter, lorsque le moment en serait venu, et dont nous avons été les témoins en juillet 1830;

dans les hommes qu'elle a appelés à la tête des affaires, qui, en recevant son impulsion, n'ont jamais franchement marché dans les lignes constitutionnelles; j'en excepterai pourtant le ministère de M. Martignac qui, de tous ceux qui l'ont précédé, fut le plus constitutionnel et le plus patriote; aussi cette légitimité, si pleine d'amour pour les libertés, s'est dépêchée de le renvoyer pour y mettre en place, Dieu sait quel ministère! Enfin, dans les ordonnances de juillet qui ont mis dans toute sa clarté la pensée de cette famille, si vantée par le célèbre écrivain, pour son amour du système libéral.

« Je la regrette parce qu'elle était plus propre à » achever notre éducation que toute autre forme » gouvernementale. » Libre à vous, sans doute, de la regretter; mais venir nous dire qu'elle était plus propre à faire notre éducation constitutionnelle (1) que toute autre forme gouvernementale, lorsque tant d'actes permettent, sinon la certitude du contraire, du moins le doute, lorsqu'entourée de satellites d'un pouvoir bigot, en désaccord tout-à-fait avec l'esprit, les lumières de notre pays, et ennemi juré de la liberté, elle subissait sa funeste influence et partageait ses maximes; c'est s'élancer, comme un cheval qui a pris le mors aux dents, dans une route qui peut à chaque instant vous faire trébucher;

---

(1) Éducation qu'on ne peut entendre autrement quoique l'auteur, peu importe le motif, n'ait pas mis ce mot *constitutionnelle* à la suite de celui *éducation*.

c'est montrer une partialité frappante, indigne d'un homme juste et surtout d'un historien; c'est charger son tableau de fausses couleurs, qui nuisent à son effet. En vérité, monsieur le vicomte, il faut que cette légitimité ait exercé sur vous une espèce de magie; qu'elle vous ait ébloui, non par l'éclat de ses lumières, mais par celui de sa naissance, de ses broderies, de son luxe, pour mettre au grand jour une opinion que des faits, encore tout neufs dans la mémoire des Français, peuvent aisément démentir. Lorsqu'il s'agit de vérités et d'histoire, l'homme intègre et juste doit être sobre de louanges, modéré dans ses principes, mesuré dans ses décisions. Dans les affaires d'État comme en histoire, il est bon que l'esprit retienne le cœur; qu'il soit toujours gouverné par lui.

» Encore vingt années de l'indépendance de la » presse sans secousses, et les vieilles générations » auraient disparu, et les mœurs de la France se » seraient tellement modifiées, et la raison publique » aurait fait de si grands progrès, que nous eussions pu supporter toute révolution sans péril. » D'abord, je dirai que l'indépendance de la presse, sous cette légitimité, n'existait pas dans tout son entier, dans toute sa pureté; je n'en veux pour témoignages que les attaques qu'elle a dirigées contre les journaux libéraux qu'elle harcelait de toutes les manières, les procès qu'elle leur a intentés, voire même le *Journal des Débats*, l'essai qu'elle a fait plusieurs fois de rétablir la censure. Ensuite, je demanderai à tous ceux qui sont de bonne foi, s'ils pensent qu'avec cette restauration, appui constant de l'esprit et des mœurs des vieilles générations, dont tous les efforts ne tendaient qu'à entraver pour éteindre par suite la liberté de la presse, qu'elle a combattue depuis quinze ans, comme son plus mortel ennemi ; s'ils pensent que, restant la plus forte, cette liberté aurait existé vingt ans. Pour moi, je ne le crois pas ; la cause une fois détruite, ses effets, que vous nous étalez si pompeusement, ne se seraient jamais réalisés. Les choses en étaient venues au point que la restauration et la liberté ne pouvaient plus sympathiser ; c'était le feu et l'eau, il fallait que l'une ou l'autre pérît, c'est la restauration.

« Le chemin que l'on a suivi est plus court : est-» il meilleur ? est-il plus sûr ? » Oui, sans doute, il est meilleur, parce que la famille qui voulait anéantir la liberté en France pour y ériger le pouvoir absolu, plonger cette nation dans l'ignorance pour y régner en despote, n'existe plus ; il est meilleur, parce que, n'attristant plus notre avenir, ne lui donnant plus de sujets de crainte, débarrassé d'ailleurs de la cause qui le rendait si épineux, qui était si nuisible au système constitutionnel, vœu de tous les Français sensibles au bien de leur patrie et à l'adoucissement des maux de l'humanité, à la liberté de la presse, le soleil de la pensée, si favorable aux développemens de la raison humaine, aux sciences, aux arts, à l'industrie, si nécessaires à leurs progrès, il est l'ancre de salut de la France, et un abri à toutes les tempêtes. Il est plus sûr, parce que, dégagé des écueils qui en rendaient son passage dangereux, qui le couvraient de précipices, le char de la liberté pourra désormais le parcourir sans crainte de verser; il est plus sûr, parce que le souverain qui a opéré toutes ces merveilles, n'a point d'arrière pensée; qu'il veut sincèrement et loyalement le bonheur et la gloire de notre illustre patrie; que c'est là qu'aboutissent tous ses vœux, toutes ses actions. Le dévouement si pur, si sacré qu'il montre pour ses intérêts, les forces qu'il déploie aux yeux étonnés des souverains de l'Europe, la manière dont il a conduit des affaires très-difficiles et très-délicates, en sont des preuves irréfragables.

« Il existe deux sortes de révolutionnaires; les » uns désirent la révolution avec la liberté : c'est le » très petit nombre; les autres veulent la révolution » avec le pouvoir : c'est l'immense majorité. » Cette définition me paraît puérile; elle n'est, selon moi, ni exacte ni bien sentie. Un révolutionnaire est, à mes yeux, un conspirateur permanent des intérêts de son pays; celui qui, poussé par une aveugle fureur, veut, à tout prix et sans produire de bons effets, renverser l'ordre des choses établi; un révolutionnaire est un fanatique qui, se refusant à toute espèce de raisons et de lumières, n'ayant ni principes ni règle dans ses idées, toujours exagérées, aspire à révolutionner la société pour en devenir le chef; un révolutionnaire est celui qui répand partout la terreur et l'effroi, dont le caractère et l'esprit n'aiment à marcher qu'à travers les ruines et les débris, comme étaient Robespierre, Marat et autres tigres de sanglante mémoire. Ainsi ceux qui veulent la révolution, qui d'ailleurs ne reviendra plus parce que la France jouit à présent de tout ce qu'elle désirait depuis long-temps, avec la liberté, ou ceux qui la veulent avec le pouvoir, ne sauraient jamais être, dans mon opinion, des révolutionnaires, parce qu'on peut avoir l'amour de la liberté ou l'amour du pouvoir, sans chercher à agiter la société, ni à troubler l'ordre qui la régit et la fait vivre.

« L'égalité et la gloire sont les deux passions vi- » tales de la patrie. » L'égalité, impossible d'ailleurs, puisque la nature la rejette, telle que vous l'entendez, ne peut exister que dans de jeunes têtes écervelées, ou chez des hommes assez médiocres pour n'être pas capables de se distinguer dans aucune partie, et non dans toute la nation française qui s'est signalée en tout temps par sa science et ses lumières; l'égalité n'est donc pas une des passions vitales de tous les Français, mais j'admets avec vous que la gloire en est une. « Notre génie, c'est le génie mili- » taire. » Vous vous trompez, monsieur le vicomte, et vous avez tort de vous renfermer dans une si étroite spécialité. Le génie de la France n'est pas spécialement celui des armes, c'est aussi celui des sciences, des arts, de l'industrie, de la diplomatie. « Ce pou- » voir abattu, ces libertés obtenues, qui se soucie » d'elles, si ce n'est moi et une centaine de béats de » mon espèce. » Quand vous tenez ce langage, êtes-vous bien sûr de vous-même, homme immuable? Avez-vous bien le sentiment de ce que vous avancez, vous croyez-vous bien inattaquable dans ces retranchemens, êtes-vous bien convaincu que tout ce que vous dites plus bas de ces docteurs, que vous arrangez si bien, ne puisse pas vous être applicable? J'aime à le penser; mais pourtant si vos discours, vos écrits, votre correspondance, me tombent sous la main, je ne peux m'empêcher d'y voir des traces qui jettent du doute dans mon esprit, qui attestent que vous aussi vous avez changé. Dans les traités même auxquels vous avez assisté, avez-vous toujours tenu un langage ferme et sincère en faveur de cette liberté, dont vous vous constituez si bien le noble et courageux défenseur; avez-vous été dans tous les temps, dans tous les lieux, dans toutes les circonstances, son preux chevalier? Je crains bien que, si l'on s'en rapportait aux rumeurs qui dans un temps ont circulé sur votre compte, si toutefois ma mémoire ne m'induit pas en erreur, on ne soit persuadé du contraire; je crains bien, dis-je, que si l'on épluchait tous vos ouvrages, toute votre vie, toutes vos pensées, on y remarquât des indices qui donneraient une couleur de vérité au doute que je manifeste, et un mélange d'actions qui détruiraient l'illusion que vous vous faites à cet égard. Tout tourne dans l'univers, rien n'est stable. Pourquoi ne verrait-on pas des hommes tourner autour des grandeurs, se laisser gagner par elles, comme on voit des astres tourner autour du soleil? La tête de l'homme n'est-elle pas ronde? sa forme, n'est-ce point celle qui se prête le plus au mouvement, au changement de place et de situation? Outre cela, son imagination si puissante, si mobile, si variable, ne fait-elle pas trébucher sa raison à chaque instant, n'est-elle point le vent qui le pousse tantôt dans une direction, tantôt dans une autre? Il ne faut donc pas s'étonner de voir dans ses principes, ses pensées, ses actions, si peu de stabilité et d'uniformité. Il est peu d'hommes qui soient exempts de cette mobilité qui vient de la nature; tous n'ont pas eu le pouvoir de la corriger.

« La monarchie du 29 juillet est dans une con- » dition absolue de gloire ou de lois d'exception. » Cette monarchie, sans être obligée de s'entourer de lois d'exception, restera dans la condition absolue de gloire. Quiconque sonde et voit avec justesse les événemens qui se multiplient sous nos yeux, comme Herschell voyait le céleste empire croître et se multiplier à l'aide de son télescope, sent le brillant avenir qui s'ouvre devant elle, en demeurera intimement persuadé. « Elle vit par la presse et la presse » la tue. » Jusqu'à présent elle ne l'a pas encore tuée; il est très probable que jamais un si funeste et si horrible assassinat n'aura lieu. Cette presse, peinte sous de si lugubres couleurs, est trop bonne, trop généreuse, trop amie de l'ordre, trop éclairée, pour amener un désordre et une anarchie qui enfanteraient le chaos. Sans doute, la liberté de la presse est une partie de l'âme de cette monarchie, comme cette monarchie est l'âme de cette liberté. Sentant le besoin de s'appuyer l'une sur l'autre, elles marcheront, elles vivront dans un parfait accord. La monarchie de juillet, jouissant par elle d'une forte complexion, ne sera pas assez folle de la négliger pour s'exposer à en avoir une mauvaise qui pourrait la conduire au tombeau. Je puis certifier à M. de Chateaubriand que les traitemens d'un aussi bon médecin, qui, d'ailleurs, dans les naufrages qu'il a faits a acquis beaucoup de connaissances et d'expérience, ne tueront jamais celui qui est tout disposé à l'écouter, qui en reconnaît les salutaires effets, et qui a tout à gagner à le conserver. « Sans gloire elle sera » dévorée par la liberté; si elle attaque cette liberté » elle périra. » L'avenir, qui n'est peut être pas loin de nous, apprendra au noble vicomte si cette monarchie sera sans gloire, et si elle sera dévorée par la liberté que, loin de l'attaquer, elle protége comme une amie qui a besoin de conseils pour se conduire, qu'elle appuie de toute sa puissance, mais avec sagesse et mesure, pour l'empêcher de tomber dans les écarts qui lui seraient funestes, et qui lui ont déjà fait faire plusieurs chutes.

« Il ferait beau nous voir, après avoir chassé trois » rois avec des barricades, pour la liberté de la » presse, élever de nouvelles barricades contre cette » liberté. » Ce serait bon à supposer si la liberté en France, tournait actuellement en licence, ou que les Français, fatigués de ses bienfaits, en fissent un grand abus, ce qui ne produirait que désordre et confusion. Mais ce peuple, instruit à l'école du malheur, éclairé par ses propres fautes, victime lui-même de ses sanglans excès, est-il bien présumable qu'encore plein de ces souvenirs, encore affligé des grands désastres qu'a enfantés la plus sanguinaire anarchie, il se laisse encore une fois entraîner dans un tel abîme ? Est-il bien présumable qu'il oublie tout à coup les horribles maux qu'il a soufferts, les sanglantes leçons qu'il a reçues, et qu'il arrive un jour, après tant d'orages, où il soit forcé d'élever des barricades contre son idole ? Non, non, cela n'est pas possible, et ce jour n'arrivera jamais. Tenir ce langage dans un temps où cette liberté, ne cherchant qu'à éviter les calamités dont elle a été accablée, a acquis tant de force, où elle veut elle-même se dégager de toutes les impuretés qui lui ont été si funestes, dans un temps où les peuples, d'un bout à l'autre du monde, ayant une pensée dans la tête, lui donnent à chaque instant des témoignages éclatans de leur amour, choisir ce temps pour manifester de telles craintes, n'est-ce pas prouver qu'on n'est pas à la hauteur du siècle, ou du moins qu'on en méconnaît l'esprit ; n'est-ce pas montrer peu de discernement, de sagacité et de tact, s'avouer incapable de faire une juste appréciation des événemens qui se passent sous nos yeux. De telles appréhensions ne peuvent venir que d'une imagination romanesque, aveugle sur les progrès de la raison humaine, encline à se créer des fantômes.

« L'action redoublée des tribunaux et des lois suf- » fira-t-elle pour contenir les écrivains. » Soyez sans inquiétude, monsieur le vicomte, le temps où nous vivons étant celui de l'empire de la loi, celui de la justice et de l'équité, les tribunaux, leur organe, suffiront pour contenir les écrivains qui voudraient les enfreindre ; ces écrivains, ressentant l'influence de leur siècle, apprendront d'eux-mêmes et par leur propre expérience à se contenir.

« Un gouvernement nouveau est un enfant qui » ne peut marcher qu'avec des lisières. Remettrons-» nous la nation au maillot? » Un gouvernement, quelque nouveau qu'il soit, qui est à la tête d'une nation de trente-deux millions d'habitans, tous dévoués à sa cause comme étant celle de la patrie, qui a la liberté pour appui, le génie militaire pour défense, des flottes imposantes à sa disposition, des finances considérables et bien administrées pour mettre en mouvement tous ces élémens de grandeur et de puissance, ne peut jamais être faible ni trembler devant les événemens, quelque sérieux qu'ils soient; il est devant eux comme ces rochers inébranlables où viennent se briser les flots déchaînés des tempêtes. Ce gouvernement, dis-je, dirigé par d'habiles mains, ne saurait être assimilé sans blesser toute convenance et sans choquer le sens commun, à un enfant qui a besoin de lisières pour marcher. Cette image n'est point belle, n'est point élevée, n'est point correcte; elle est sans grâces, sans justesse, sans élégance. « Remettrons-nous la nation » au maillot, ajoutez-vous? » Ces mots ne prouvent et ne signifient rien; ils semblent n'avoir été écrits que pour faire de l'effet. Sachez, monsieur le vicomte, qu'une nation qui compte une Chambre des Pairs si expérimentée, d'où jaillit tant de lumières, une Chambre des Députés si remarquable par les talens qu'elle renferme ; une nation qui brille autant par les armes que par les sciences; une nation qui, lisant avec sûreté dans l'avenir, a, dans les événemens de Grèce, dans la guerre de Russie contre la Turquie, d'Alger, peut-être causés par sa profonde et imperceptible poltique, calculant d'avance qu'ils devaient tourner à son avantage, dans la disparition de quelques fameux diplomates; préparé les marches qui devaient lui servir à monter à la hauteur de juillet d'où elle a renversé de son souffle celui qui voulait l'opprimer, l'empêcher de luire comme ce flambeau de l'univers; une telle nation ne pourra jamais être remise au maillot. Cette image est digne de faire le pendant de la précédente. « Ce terrible nourrisson » qui a sucé le sang dans les bras de la Victoire à » tant de bivouacs, ne brisera-t-il pas ses langes. » Non, non, il ne les brisera pas. S'il a sucé le sang dans les bras de la Victoire, il a aussi sucé les fruits amers de l'anarchie et de la licence; il sait combien il lui en a coûté, combien ils lui ont été funestes : Il ne s'exposera plus désormais à tant de périls.

« Il n'y avait qu'une vieille souche profondément » enracinée dans le passé, qui pût être battue im- » punément des vents de la liberté de la presse. » Assurément l'intention de l'auteur, par ces mots, est de faire allusion à la dynastie déchue, du moins sa pensée, rendue de cette manière, le fait supposer. Voyez maintenant ce qu'elle est devenue, examinez son sort, et dites si cette vieille souche pouvait être battue impunément des vents de la liberté de la presse, lorsque c'est par eux et pour avoir voulu les anéantir qu'elle a été précipitée du trône et jetée, dans son naufrage, dans un coin de terre, où elle languit comme les derniers débris d'un édifice ébranlé par les temps, usés par eux, qui, ayant perdu son aplomb, a succombé au moindre souffle de la tempête ; où elle se desséchera comme les dernières branches d'un vieux chêne qui n'avait plus la force de résister aux fortes secousses qu'il a ressenties. Lecteur, pesez ces lignes, réfléchissez, jugez et décidez vous-même.

« Il y eut liberté en France pendant les trois pre-
» mières années de la révolution, parce qu'il y eut
» légitimité. » Cette conclusion ne me paraît ni exacte, ni juste ; elle est partiale, elle est invraisemblable. S'il y a eu liberté en France pendant les trois premières années de la révolution, ce n'est pas à la légitimité qu'on le doit, c'est à l'influence de la philosophie, aux progrès qu'elle a fait faire à la civilisation, à la politique étrangère qui a jeté sur notre sol les premières semences de la révolution de 1789, devenue, de bonne qu'elle était, si barbare par ses soins. Cette légitimité qui a duré sept à huit siècles sans jamais penser à cette liberté, nourrie de préjugés incompatibles avec elle, imbue des maximes du despotisme, n'aurait jamais songé à donner au peuple français une constitution libérale, si la révolution, ci-dessus mentionnée, n'était arrivée.

« Depuis la mort de Louis XVI, que devint cette
» liberté jusqu'à la restauration ? » La mort de ce roi martyr ayant été le signal de la plus sanglante anarchie, la liberté, telle qu'elle sortirait des mains de Minerve, telle que la France l'entend aujourd'hui,

a dû disparaître; elle ne pouvait habiter le lieu où le sang coulait à flots, où l'innocence était envoyée au supplice, où le crime était en honneur et la vertu persécutée, où une folie féroce avait pris l'empire de la raison, où les droits sacrés de l'humanité étaient foulés aux pieds ensanglantés du bourreau, où tout enfin respirait meurtre et carnage : épouvantée de toutes ces horreurs, elle dut fuir glacée d'effroi et de terreur. Elle fut un instant perdue. Ce fut à la restauration qu'elle commença à renaître; mais encore tremblante, encore émue des désastres qui l'avaient affligée, elle se montra mal assurée. La révolution de juillet l'a raffermie; elle reparut alors dans tout son éclat, dans toute sa splendeur; son aspect a été pour nous l'aurore du bonheur, et nous l'avons revue plus brillante et plus belle; elle nous a transportés de joie et de plaisir, comme un beau jour après la tempête.

« Elle tua tout sous la république et fut tuée sous » l'empire. » Exilée de la terre qu'elle voulait protéger, combler de ses biens, ce n'est pas elle qui tua tout, c'est Robespierre, c'est Marat et consorts, monstres vomis par les enfers pour le supplice et la honte des mortels; c'est l'anarchie la plus complète, la plus désordonnée, la plus féroce; c'est la licence la plus effrénée, la plus dégoûtante, la plus sotte et la plus barbare. Cette liberté, outragée par vous, puisque vous la confondez avec tout ce qu'il y a de plus bas, de plus méprisable, de plus tyrannique, si pure, si humaine, si morale, si bienfaisante, si dévouée au bien de ceux qui l'aiment; cette liberté, sublime dans son but, élevée dans ses moyens, n'aurait jamais commis de tels excès ; jamais elle n'aurait consenti à se rouler dans la fange et le sang. « Nous verrons, dites-vous, ce qu'elle » deviendra sous la monarchie élective. » Elle deviendra l'ange tutélaire de la France.

« Les embarras de cette monarchie se décèlent à » tous momens : elle est en désaccord avec les monar- » chies continentales absolues qui l'environnent. » Je conçois que cette monarchie, qui, dans une position extrêmement difficile, a eu à traiter des questions si élevées, si délicates, si graves, qui touchaient à tant d'intérêts puissans ; je conçois que pour résoudre ces questions à l'avantage et à l'honneur de la France, concilier ces intérêts composés de tant d'élémens divers aux siens, elle ait éprouvé de grands embarras ; mais ces embarras, tout épineux qu'ils étaient, ont-ils été invincibles pour elle ? ont-ils été même un sujet de craintes et d'alarmes ? Voyez à la tournure que prennent les affaires européennes, comment ils ont tourné, s'ils ont seulement duré long-temps ? En un moment elle les a dissipés, en un moment elle en a triomphé. C'est pourtant la monarchie de juillet, qui, tout en se jouant de la puissance de ses ennemis, tout en riant de leurs efforts, a opéré toutes ces merveilles. Qu'il est habile, celui qui, au milieu de tant de difficultés, de tant d'obstacles, de tant d'écueils, sans armes et sans efforts, autres que ceux de sa plume et quelques paroles tombées de sa bouche, est parvenu à donner la paix à l'Europe, à assurer à son pays, au sein des orages, le calme et la tranquillité! Qu'il est généreux, celui qui, en s'arrachant aux voluptés et aux délices de la vie privée, s'est immolé au service, au bonheur de nous tous! Qu'il est puissant, celui qui, en un clin d'œil, a vaincu les tempêtes déchaînées contre lui et sa patrie, a rendu nuls les efforts de ses ennemis, qui voulaient le détrôner avec la liberté qu'ils auraient écrasée, qu'ils auraient dévorée! Qu'il est glorieux pour la France d'avoir fait choix d'un tel monarque! Peuples de la terre, inclinez-vous devant son auguste étendard, agenouillez-vous devant votre sauveur, c'est le génie de la France et de la liberté qui l'ont enfanté; bientôt vous ressentirez tout le bien qu'il nous a fait, bientôt vous briserez vos chaînes pour reprendre vos lyres et chanter en paix et sans crainte qui vous voudrez; vous jouirez alors d'une félicité égale à la nôtre.

« Elle est, dites-vous, en désaccord avec les mo-
» narchies continentales absolues qui l'environ-
» nent. » Qu'y a-t-il d'étonnant à cela, lorsque le principe de son gouvernement est tout différent de celui sur lequel s'appuient ces monarchies. L'un est une source de puissance et de force, l'autre, ébranlé dans ses fondemens, a perdu sa solidité et n'est plus redoutable. D'ailleurs, peu lui importe de ne pas s'accorder avec elles, puisqu'elles sont hors d'état de lui nuire, de mettre des barrières à sa volonté, d'arrêter sa marche.

« Sa mission est d'avancer, et ceux qui la con-
» duisent osent avancer : elle ne peut être ni sta-

» tionnaire ni rétrograde, et dans la crainte de se
» précipiter, ses guides sont stationnaires et rétro-
» grades. » Eh quoi! ceux qui conduisent cette monarchie, n'osent avancer, dites-vous? Comparez
donc le rang et l'influence qu'avait la France en
Europe avant la révolution de juillet, à l'époque
des traités de Vienne, si funestes à son importance,
et qui la rendaient si facile à subir la volonté de la
sainte-alliance, surtout celle de son chef, l'empereur Alexandre, qui, par la grâce de l'ange tutélaire
des humains, la liberté, et pour le bonheur de juillet, n'existe plus aujourd'hui, et qui lui a plus d'une
fois dicté sa loi, imprimé le mouvement qu'elle devait suivre, à celui qu'elle occupe maintenant, à
l'influence qu'elle exerce dans tous les coins de
l'Europe, et dites si elle n'a pas avancé, si sa marche n'a pas été celle d'un géant, si son élévation n'a
pas été sensible? Autrefois elle ne pouvait agir qu'a-
vec l'assentiment des souverains, dont le cœur ne
battait que pour son abaissement; c'était alors
qu'elle se laissait conduire comme un enfant entouré de lisières : aujourd'hui elle est libre d'elle-
même, maîtresse de ses actions et de sa volonté; au
lieu de recevoir le mouvement, elle le donne. Autrefois les souverains ne la craignaient pas; ils je-
taient sur elle un regard de compassion et de protection; aujourd'hui ils la redoutent, et ce regard si
superbe, si dédaigneux, est devenu tout à coup
humble et respectueux. Voilà pour l'extérieur. A
présent, si je considère l'intérieur, je vois qu'elle
n'a été ni stationnaire ni rétrograde; que ses guides

ont avancé, mais avec prudence et mesure, sans crainte de se précipiter. Les preuves en sont dans la loi électorale, dans celle sur l'organisation municipale et départementale, où la liberté n'est pas sans limites, mais ces limites sont très-étendues et ont été tracées par la sagesse, par l'expérience et une connaissance profonde du passé et de l'avenir; dans celle sur la garde nationale, qui nomme ses officiers jusqu'au grade de chef de bataillon inclusivement, et qui, pour les grades de lieutenant-colonel et de colonel, présente au roi une liste composée de dix candidats, pour qu'il choisisse celui à qui il veut les conférer; dans le procès des ministres, qui avaient mille fois mérité la mort, et qui, cependant, n'ont pas été condamnés. Ce procès ne suffirait-il pas seul pour attester que nous avons fait un grand pas dans la civilisation et l'amélioration de notre état social. Enfin, si j'examine l'état des affaires de notre pays, tant à l'extérieur qu'à l'intérieur, je ne peux m'empêcher de reconnaître que la France, sous la monarchie qu'elle s'est donnée, a franchi un grand espace, qu'elle s'est élevée aussi rapidement qu'un flot soulevé par le vent. Pour ne pas en convenir, il faut être ou aveugle ou ne voir les choses qu'à travers le prisme de l'esprit de parti, ou se les représenter sens dessus dessous.

« Ses sympathies sont pour les peuples, si on lui » fait renier ces peuples, il ne lui restera aucun » allié. » Oui, sans doute, ses sympathies sont pour les peuples; et dans la situation actuelle des cabinets européens, il n'est point de force qui soit capable de lui faire renier ces peuples, si elle consent à les prendre sous sa protection ; alors elle ne sera pas sans alliés. D'ailleurs, quand on est lié avec la liberté, il est aisé de se passer d'autres soutiens· Cependant on ne saurait disconvenir que l'Angleterre ne soit dans ce moment sa plus sincère alliée, et cela parce que dans ce pays le gouvernement plaide aussi la cause des peuples, inséparable de celle de la civilisation et de la liberté.

« Elle marche entre trois menaces : le spectre ré-
» volutionnaire, un enfant qui joue au bout d'une
» longue file de tombeaux, un jeune homme à qui
» sa mère a donné le passé et son père l'avenir. »
Ces menaces ne sont rien pour elle, ni n'ont rien qui puisse lui inspirer de l'effroi ; d'autant mieux que la première de ces menaces est un spectre, et que les spectres, dans le temps où nous vivons, ne produisent plus d'effet, ne font peur qu'aux super-stitieux ou à des âmes faibles ; la monarchie régnante, qui n'est ni faible ni superstitieuse, peut aisément s'en moquer : la deuxième, un enfant qui joue au bout d'une longue file de tombeaux, n'est pas plus terrible pour elle, parce que cet enfant appartient à une race qui s'est attiré, par son parjure et le sang qu'elle a fait répandre, la haine de la France qui est trop fortement unie au souverain qu'elle s'est choisi, pour que son gouvernement en conçoive de l'ombrage : la troisième, un jeune homme à qui sa mère a donné le passé et son père l'avenir, n'est pas plus effrayante : il y a long-temps que notre nation a perdu de vue ce jeune homme qui, élevé

au milieu du despotisme, en ayant sucé le lait, ne saurait lui convenir, parce qu'il ne serait plus en rapport avec ses mœurs libérales et constitution-nelles.

« La liberté de la presse, la liberté de la tribune » et la royauté dans la rue, paraîtraient au libéral » de la conscription d'étranges élémens de son em-» pire. » J'avoue que la liberté de la presse et celle de la tribune doivent paraître à un despote d'étran-ges élémens de gouvernement. Mais qu'à de com-mun la royauté dans la rue avec ces élémens. D'a-bord la royauté, placée ici comme élément d'un empire, est une absurdité impossible à débrouiller; l'esprit ne peut s'engager dans un tel labyrinthe, sans courir le risque de se perdre. Ensuite, je ferai observer à l'auteur que la royauté, formant l'en-semble d'un tout appelé corps, société ou édifice, ne peut être comptée au nombre des élémens dont la réunion a servi à construire ce tout. Puisqu'elle forme un ensemble impossible à diviser, sans que cet ensemble ne s'écroule, elle ne peut donc pas en être une partie, attendu qu'encore une fois elle est l'as-semblage de toutes les parties qui ont concouru à former cet ensemble. Donc la royauté, qui est elle-même un gouvernement, ne saurait être pla-cée dans un autre gouvernement, appelé empire, comme élément, surtout lorsqu'elle est, comme cet empire, un corps gouvernant. Outre cela, cette expression de royauté dans la rue est incon-venante, inexacte; elle choque le sens commun, elle blesse les convenances. Quoi! cette royauté enfantée par le prodige, qui est sortie du sein de la liberté, qui tient à un principe de grandeur et de sagesse, dont la cause est sublime, serait pour nous une royauté de rue, elle descendrait d'une source aussi basse! Ah! qu'il faut être aveugle, qu'il faut être passionné, qu'il faut être injuste, pour avoir d'elle une telle opinion; et cela, dans le moment où tout parle encore de l'éclat, de la gloire des journées de juillet, où tout autour de nous respire grandeur et puissance, où la liberté nous présage un avenir si beau, si brillant, que dans l'enivrement qu'elle a causé à tous les vrais Français, ils entrevoient que leur patrie sera dans ce siècle la première des puissances du monde, que son pavillon sera respecté, admiré, salué par tous les peuples qui s'inclineront devant lui comme devant leur divinité tutélaire. Non, non, la royauté de juillet n'est pas une royauté de rue, c'est celle du miracle, de la liberté, de la victoire des lumières sur les ténèbres.

« Quant à la restauration, les quinze années de » son existence avec leurs inconvéniens, leurs fau- » tes, leur stupidité, leurs tentatives de despotisme » par les lois et par les actes, etc., sont, à tout » prendre, les plus libres dont aient jamais joui les » Français, depuis le commencement de leurs an- » nales. » Vous convenez donc que cette restauration a fait des fautes, était stupide, visait au despotisme; alors pourquoi dire plus haut qu'elle était plus propre que toute autre forme gouvernementale à achever notre éducation, à régler nos libertés, quand, de votre aveu, ses doctrines, ses principes étaient si opposés à ceux de la France ; comment, avec tous ces défauts, pouvait-elle compléter l'éducation d'une nation aussi éclairée que la nôtre. Les quinze années de la restauration ont été, dites-vous, les plus libres dont aient jamais joui les Français depuis le commencement de leurs annales : je n'ai pas de peine à le croire ; cette liberté n'ayant jamais existé avant, il n'est pas étonnant que, plantée en France depuis quarante ans, elle n'ait produit quelques bons fruits sous la restauration, qui a été forcée par le temps, les événemens, de les adopter, de les reconnaître et de les conserver.

« Nous avons sous les yeux, depuis six mois, un » miracle : tout pouvoir est brisé, obéit qui veut ; la » France se gouverne et vit d'elle-même par le seul » progrès de sa raison. Sous quel régime a-t-elle fait » ce progrès ? est-ce sous les lois de la Convention et » du Directoire, ou sous l'absolutisme de l'Empire. » Non, sans doute ; mais ces temps lui ont été utiles, et par les malheurs qu'ils lui ont causés et par les leçons qu'elle en a retirées ; tout déplorables, tout désastreux qu'ils ont été, ils ont très-sûrement contribué aux progrès de sa raison ; sans eux, peut-être, elle ne serait pas aussi avancée dans la carrière de la liberté ; tant il est vrai de dire que l'excès du mal engendre souvent de grands biens.

« C'est sous le régime légal de la Charte, c'est pen- » dant le règne de la liberté de la tribune et de la li- » berté de la presse. ». Je conviens avec vous que ces choses ont puissamment aidé à faire son éducation constitutionnelle, à l'éclairer dans sa marche, mais

je ne saurais reconnaître qu'elle les doit à la légitimité; c'est au temps, aux événemens dont cette légitimité a été l'accident et non la cause, qu'il est
juste de les attribuer.

« Ces quinze années de la restauration n'ont pas
» même été sans éclat : elles ont laissé pour monu-
» mens de beaux édifices, des statues, etc. » J'ai
beau passer Paris en revue pour y remarquer les
beaux édifices que la restauration y a fait faire, je
n'en vois aucun, excepté ceux qui existaient où dont
les plans étaient conçus avant elle. J'en excepte pourtant la Magdeleine, et encore ce monument n'est pas
d'elle; il n'a changé seulement que de nom et de des-
tination : tout beau qu'il est, il n'est pas à comparer à la Bourse, autant pour l'élégance et la beauté
de la forme que pour le grandiose, qui rappelle l'ar-
chitecture ancienne. J'avoue que l'on aperçoit par-
ci, par-là, quelques statues, faites plutôt pour quelques petites villes de province que pour orner une
capitale comme Paris; cependant je dirai que dans
le nombre il en est d'assez belles. Quant aux ca-
naux, ceux qui ont été construits sous son règne
ont si peu d'importance qu'ils n'ont pas fait grand
bruit; leur renommée a expiré avec leur achève-
ment; ils n'ont eu de postérité que quelques heures.
Les nouveaux quartiers dans Paris, dont vous parlez, n'étant que des travaux simples dans leur effet,
mesquins dans leur but, que le résultat de spécu-
lations et d'intérêts particuliers, ne sauraient figurer
avec ces grands et superbes édifices faits pour attirer l'attention et l'admiration de nos descendans.

Mettre en parallèle tant de grandeur et de talens avec ce qui est petit et médiocre, c'est faire dans son tableau un disparate qui choque le goût et la raison ; citer ces médiocrités comme des choses merveilleuses, c'est annoncer peu d'élévation dans les idées.

Où sont ces quais, ces aquéducs, ces embellissemens sans nombre, si beaux, si vastes, si dignes de passer à la postérité, que vous nous désignez avec tant d'emphase : pour moi, je n'en aperçois aucun qui soit capable d'attirer le moindre regard, de faire lever la paupière. Si cette restauration avait exécuté ou conçu des monumens dans le genre de ceux des Invalides, de Versailles, de la Bourse, des arcs de triomphe de Saint-Denis, de Saint-Martin, je me serais empressé de lui rendre justice et de lui payer un tribut d'éloges et d'admiration. Quand je jette les yeux sur ces immortels et sublimes ouvrages, tout ce qu'elle a fait la me paraît petit, mesquin, indigne d'être mentionné.

Elle s'entendait bien à la marine, cette légitimité, quand elle a établi une école maritime à Angoulème ; quand cette marine, que vous prétendez avoir été recréée par elle, languissait sous elle, tombait en ruines, parce qu'elle la négligeait, qu'il était hors de sa portée d'en sentir tout le prix.

Quant à la Grèce délivrée, la conquête d'Alger, il n'est pas présumable que ces plans, ces opérations, eussent été combinés par un monarque occupé de chasse, de messe, de brimborions, dont l'entendement n'était pas celui d'un Alexandre ; ces entreprises si utiles, si favorables à notre pays, ne pouvaient venir que d'une cause qui entendît bien ses intérêts; et cette cause n'est autre que son génie.

Sans doute la France jouit d'un crédit public immense; mais c'est aux améliorations apportées dans son administration, aux perfectionnemens que des hommes habiles ont introduits dans sa comptabilité, à l'ordre qui y règne, à l'application d'un système épuré, aux progrès que l'esprit de finances a faits, qu'elle doit tous ces précieux avantages, toujours produits par le temps, l'expérience et les lumières qui marchent à sa suite.

Si des banqueroutes générales ont eu lieu; si la ruine de quelques manufactures et de quelques villes commerçantes a affligé un instant le commerce, l'a plongé dans le deuil, ce n'est pas la monarchie élective qui en est cause, et dont il n'était point encore question quand lord Liverpool et M. Canning, voyant la situation générale de l'Europe et la disposition des esprits à de gigantesques entreprises, ont prédit qu'il viendrait un jour une crise qui se ferait sentir par tout le monde. Cette crise est celle qui s'est accomplie un peu après la révolution de juillet. Les grandes catastrophes qui en sont résultées ne pouvaient être l'ouvrage d'un moment; il fallait que leur principe datât de loin, qu'elles eussent eu le temps de se former. Or, sous quel temps se sont-elles formées? sous quel temps leur principe a-t-il pris naissance? N'est-ce pas sous celui de la dynastie déchue, dont les maximes ne sympathisaient pas bien cordialement avec celles du commerce? N'est-ce pas sous elle que le commerce français a été obligé de s'incliner devant celui de l'Angleterre, qui n'avait plus de rival sur ce globe? n'est-ce pas par sa fausse manière d'envisager les douanes, son faux système de restriction, le peu de débouchés qu'il avait sous elle, qu'elle lui a porté de rudes atteintes; le négoce des vins et d'autres productions n'a-t-il pas expiré sous ses coups. Loin de sentir que la liberté ne pouvait que faire fleurir le commerce, faciliter, de nation à nation, un heureux échange de produits, sans interposer de barrière entre elle, elle a donné des limites à cette liberté, elle l'a liée, elle l'a comprimée. Il n'est pas étonnant, d'après cela, qu'il ait langui, qu'il ait été tout-à-fait abattu, quand le coup d'État de juillet est venu hâter le moment de sa détresse, qui devait tôt ou tard éclater. Ébranlé dans sa plus profonde base, il devait nécessairement tomber au moindre souffle de l'ouragan. Ce n'est pas la nouvelle dynastie qui l'a entraîné dans l'abîme où il s'est trouvé; elle n'a pas eu le temps de le lui creuser ni de l'y précipiter. Les germes de tous ces affreux désastres poussaient bien long-temps avant qu'il soit question d'elle, et le temps devait indubitablement faire éclore leurs fruits empoisonnés. Cette dynastie, forte des fautes du passé, dévouée à tout ce qui est bien, saura réparer tous ces maux en accordant au commerce une entière liberté, en le laissant agir lui-même, parce que personne mieux que lui ne connaît ses intérêts, en adoptant pour devise, *laissez faire, laissez passer*, qui fut celle des hommes qui ont eu une grande renommée dans l'économie politique, ainsi que d'Adam Smith, si fameux, si connu par son ouvrage intitulé *Recherches sur la nature et les causes de la richesse des nations;* en s'appuyant de leurs maximes, mais en les épurant, car tout ici bas gagne et s'améliore par un examen profond et mûri. Cette monarchie sait bien que tout ce qui vient librement : enfant, plantes, arbres, fleurs, etc., acquiert plus de force, de vigueur, porte plus de bons fruits que ce qui croît dans la servitude, entouré de liens et d'obstacles. Espérons donc que tous les malheurs qui ont consterné la France depuis la révolution de juillet, disparaîtront sous son égide et au moyen de sa baguette enchantée.

« J'entends parler de l'abaissement où languis- » sait la France, en Europe, pendant la restaura- » tion, etc. » Était-elle bien élevée cette France sous la restauration, quand elle subissait le joug des traités de Vienne, quand, chargée par eux de blessures et de chaînes, elle roulait dans le néant, pendant son existence, sans jamais pouvoir les guérir ni s'en délivrer; son histoire n'est-ce pas celle du lion devenu vieux ? Etait-elle bien élevée cette France, quand son chef pliait sous la loi de l'empereur Alexandre, quand la sainte-alliance pesait sur elle de toutes ses forces; quand, percée de ses coups, accablée de son pouvoir, elle souffrait en silence sa honte et ses maux, sans oser pousser le moindre soupir, comme un esclave enchaîné, toujours tremblant devant son maître. Ah! quelles douces émotions on éprouve, quand on compare le temps d'aujourd'hui à celui de cette restauration ! qu'on se sent soulagé d'un poids énorme ! qu'avec délices on envisage l'avenir. Le trait suivant, arrivé sous l'ambassade de M. le duc de Cazes à Londres, fera voir si la France, sous elle, était aussi fière, aussi superbe que le noble vicomte semble l'annoncer. Le voici : le gouvernement anglais, jaloux de connaître les intentions du gouvernement français, lorsque la révolution de Naples éclata, mais ne pouvant y parvenir qu'en violant tout principe, qu'en foulant aux pieds les droits les plus sacrés, fit saisir les dépêches que Louis XVIII adressait à cette époque à son ambassadeur, par quatre à cinq hommes armés qui se précipitèrent sur celui qui en était le porteur, pour les lui ravir. Le gouvernement anglais, pour faire voir que cet acte abominable, que ce guet-apens, inimaginable, difficile à croire dans le siècle où nous vivons, s'il n'avait été rapporté et rendu public par les journaux, était indépendant de sa volonté, comme si cela était présumable, fit promettre, par l'organe de son roi, une récompense de 1,000 livres sterling à ceux qui découvriraient les auteurs de ce complot, digne des temps les plus barbares, qui ne l'ont jamais été ; du moins les papiers publics n'en ont jamais fait mention, ni même parlé des représentations qu'auraient faites le gouvernement d'alors à ce sujet ; elles n'auraient d'ailleurs abouti à rien. Est-ce là une marque incontestable de la puissance et de la grandeur de la France sous la dynastie déchue.

« Cette pauvre légitimité s'avisait quelquefois
» d'avoir du sang dans les veines. Elle osa aller de
» la Bidassoa à Cadix, malgré l'Angleterre ; elle arma,
» combattit et vainquit en faveur de la Grèce ; elle
» s'empara d'Alger sous le canon de Malte ; elle dé-
» clara qu'elle ne rendrait cette conquête que quand
» et comment il lui plairait. » Le sang de cette légitimité était effectivement bien pauvre ; transvasé
depuis des siècles dans tant de vases différens, il a
dû perdre de sa chaleur et de sa vigueur. Elle osa,
dites-vous, aller de la Bidassoa à Cadix, malgré l'Angleterre. L'événement étant mesquin, le discours
doit l'être aussi. Quelle bravoure elle a dû montrer,
quelle force de génie elle a dû déployer, quelle grandeur elle a dû étaler, pour entrer en Espagne quand
toutes les portes lui étaient ouvertes. C'est comme
si je disais, en parlant de quelqu'un qui n'a jamais
été sur l'eau, quel courage il lui faut pour oser aller de Paris à Saint-Cloud par eau, dans un beau
jour d'été. En vérité, l'éclat d'une telle campagne
est fait pour effacer celui des campagnes de Napoléon. Cependant M. le prince de Talleyrand, dont le
tact, la finesse et la sagacité sont pour le moins
égaux aux vôtres, ne pensait pas comme cela, car
il a dit, dans un de ses discours à la chambre des
Pairs, à propos de cette guerre, que c'était un vrai
donquichotisme : mot si juste, si bref, si expressif,
si bien appliqué, qu'il est au-dessus de tout éloge.
Si l'Angleterre ne s'opposa pas à cette entreprise,
c'est parce qu'elle la considérait de même que
M. de Talleyrand, comme un vrai donquichotisme

incapable de lui inspirer des craintes et des alarmes : je suis sûr qu'y voyant plutôt des pertes que des avantages pour la France, elle ne demanda pas mieux que son exécution, et n'eut garde d'arrêter le noble élan de la dynastie déchue pour le despotisme. Les discours du comte de Liverpool et de M. Canning à ce sujet, attestent que loin de s'en inquiéter, elle s'en réjouissait comme d'un événement qui devait être sans résultats heureux pour notre nation, et se perdre tôt ou tard dans le néant. Quant à la Grèce et Alger, je ne pourrai que répéter ce que j'en ai dit à la page 29, et je pense que ces deux campagnes, peu glorieuses dans leur exécution, mais fort utiles pour la France, si bien appréciées, l'une sous le nom de voyage en Grèce, l'autre sous celui de partie de chasse, ne sauraient mériter les lauriers de la victoire, mais seulement des larmes et des soupirs, parce que le sang précieux des Français a coulé à Alger, ni avoir l'éclat de celles de la république et de Napoléon, qui retentiront plus qu'elles dans les siècles futurs. Si elle a déclaré qu'elle ne rendrait Alger, qu'elle aurait peut-être sacrifié au désir de rétablir le pouvoir absolu en France, que quand et comment il lui plairait, c'est que ces paroles lui ont été soufflées par le génie qui veille sur les Français.

« Le gouvernement actuel brave une autre auto-
» rité : il refuse la Belgique malgré la nation ; il laisse
» égorger les Polonais malgré la nation ; il laisse ou
» va laisser l'Autriche occuper Parme, Plaisance,
» Modène, peut être Bologne et le reste, malgré la

» nation. » Le gouvernement actuel ne veut braver aucune autorité; mais ayant été choisi par la volonté nationale, il ne peut agir et faire que dans l'intérêt de ceux qui lui ont donné et leur cœur et leur bras. S'il a refusé la Belgique, c'est qu'il a eu de très plausibles raisons pour se déterminer à un tel sacrifice, qu'il n'a pas voulu, en brusquant les affaires, compromettre sa sûreté et celle de ceux qu'il est chargé de défendre. Sous ce rapport, il ne peut être que loué et approuvé. Il laisse, dites-vous, égorger les Polonais. Vous vous trompez, monsieur le vicomte; les Polonais, ces nobles enfans du martyr et de la victoire, ne sont pas égorgés, car ils triomphent; leurs succès ont décidé leur cause, et ils deviendront, j'en suis certain, un peuple indépendant. Vous qui avez été ministre et ambassadeur, vous devez sentir que la politique défend de mettre à découvert toutes ses batteries, qu'il est bon quelquefois de tenir cachées, et que, sur un sujet si grave, il faut être sobre de paroles et d'actions, s'abstenir d'éloges et de blâme, d'autant mieux qu'à présent, où tout est problème, on ne saurait les fonder sur rien. « Il laisse ou va laisser l'Autriche » occuper Parme, Plaisance, etc. » Les événemens ont prouvé que ces contrées n'ont pas été long-temps occupées par elle, et s'il les a laissées en son pouvoir pendant un instant, c'est que sûrement il a eu des motifs pour cela; l'avenir nous les apprendra et nous fera connaître probablement quel était son but, si eux et ce but sont de nature à être mis au jour. Je pense qu'ils ne peuvent être que glorieux et favorables pour la France. Il faut espérer que le temps éclaircira plus tard l'horizon politique chargé aujourd'hui de nuages. Cette question est encore une de celles qu'il ne faut pas trop toucher; elle n'est pas résolue encore entièrement, quoique l'Autriche ait, sur l'invitation du gouvernement français, retiré ses troupes, et quoique Louis Philippe ait chargé son ambassadeur d'intervenir, près du pape, pour adoucir les peines de ceux qui s'étaient révoltés et les sauver de la rigueur des lois.

Pour se permettre de juger les événemens qui occupent l'Europe en ce moment, il faut attendre que leur dénoûment arrive, et qu'il donne à notre gouvernement la faculté d'agir sur d'autres bases que celles des traités de 1814 et 1815. Quant à moi, je pense, sans rien préjuger, que la monarchie de juillet ne tend qu'à donner à ces traités, humilians pour la France et consentis par la dynastie tombée, une autre face, d'autres élémens.

Souffrez donc que je vous dise que votre jugement, trop précipité, trop peu approfondi, sur la situation actuelle du cabinet français à l'égard des autres cabinets européens, est tout-à-fait semblable à celui d'un homme qui se hâte de juger le commencement d'un drame sans en connaître la fin.

« Qu'il continue à se conduire de la sorte, et les » cabinets de l'Europe le préféreront à la monarchie » passée. » D'abord ce passage, si je ne me trompe, n'est plus en rapport avec l'opinion que vous avez manifestée précédemment sur la force, la puissance, la grandeur de la dynastie passée, et, si j'en ai bien

saisi le sens, il donne à entendre que les états européens ne faisaient de cas de la légitimité qu'à
cause de sa faiblesse et de son impuissance à leur
nuire; il est tout-à-fait contradictoire avec l'idée
que vous avez premièrement énoncée sur la position élevée de la restauration et ses hauts faits. Ensuite je dirai que, quelque peu influent que soit
aujourd'hui le gouvernement actuel, quelque faible qu'il soit, la Russie, la Prusse, l'Autriche,
une partie de l'Italie, l'Espagne, le Portugal, préfé-
reraient mille fois la légitimité, leur bonne amie,
à lui. Interrogez-les, et vous verrez ce qu'ils répon-
dront.

« Il gagnera sa légitimité auprès des gouverne-
» mens légitimes, comme un chevalier gagnait jadis
» ses éperons, non la lance au poing, mais le cha-
» peau bas. » Ce gouvernement gagnera sa légitimité
auprès des gouvernemens légitimes non le chapeau
bas, mais la plume à la main, le front armé de
casques et de boucliers, sans d'autres effusions qu'une
effusion d'encre, ce qui certes ne sera pas sans gloire,
et cette gloire, toute nouvelle, sera sans tache et
n'aura pas à se reprocher le sang des Français. La
plume, habilement maniée, n'est pas sans puissance;
elle peut se jouer impunément des canons et des
baïonnettes, tandis que ces canons et ces baïonnettes
sont frappés de néant par elle, et finissent tôt ou
tard par s'incliner devant elle. Cette plume si puissante veille sur l'illustre Pologne, l'Italie, la Belgique; elle les sauvera du danger, malgré l'ap-
pareil de la force matérielle : tout fléchit devant

elle, rien ne l'arrète; son effet sur la terre est celui de Dieu sur l'univers. Peuples, souverains, reconnaissez son empire, soumettez-vous-y, mais ne la bravez pas.

« J'ai entre les mains les lettres intimes, à moi » adressées, de mon illustre ami, M. Canning : elles » prouveront à la postérité que la France, sous la res-» tauration, n'était ni si humiliée, ni si endurante, » ni si bravée qu'on l'affecte de croire. » Vous vous abusez étrangement à ce sujet, monsieur le viconte. Je ne redirai pas ici ce que j'ai rapporté plus haut, lorsque M. le duc de Cazes était ambassadeur à Londres, mais je le rappellerai à l'attention du lecteur, afin qu'il puisse juger par lui-même si ce que vous avancez est parfaitement exact et parfaitement juste, et combien vous vous faites illusion. A cette occasion, je lui citerai un autre trait qui lui donnera une nouvelle preuve si la France, sous cette restauration, que vous élevez tant, était aussi fière, aussi superbe que vous voulez bien le faire croire. Lorsque la flotte française, çommandée par l'amiral Hamelin, bloquait Cadix, aucun bâtiment étranger ne pouvait y pénétrer sans une autorisation du commandant en chef, formalité diplomatique admise et reconnue parmi toutes les nations civilisées, quand deux puissances maritimes se font la guerre : cependant une frégate anglaise se présenta et voulut passer sans d'autres formes que sa volonté; elle fut arrêtée, mais elle brava toutes les remontrances et parvint, malgré tout, si ma mémoire ne m'induit en erreur, à entrer dans Cadix.

Peu de temps après, cet amiral fut rappelé de son commandement. Je ne sais si c'est là le véritable motif de son rappel, mais du moins les apparences sembleraient l'indiquer. Dans ce trait, je ne vois aucune marque de condescendance, de respect, ni pour la légitimité, ni pour son gouvernement. Je conçois que M. Canning, ministre de l'Angleterre, qui était alors dans tout l'apogée de sa grandeur, de sa toute puissance sur le globe, qui le voyait à ses pieds; je conçois qu'il s'entretenait avec vous de notre pays en termes de satifaction, comme un homme peut parler d'un autre homme, quand il a l'intime conviction qu'il est au-dessus de lui pour tout, habileté, pouvoir et richesses; je conçois que, sous ce rapport, il vous ait donné des marques de confiance; qu'il ait été ravi de notre situation, qu'il vous en ait parlé d'une manière honorable; mais au fond, ces paroles n'étaient point sincères, elles étaient trompeuses, ce n'était que de l'encens purement perdu, donné par la puissance et la grandeur à la faiblesse et à l'impuissance. Je m'étonne que vous vous y soyez laissé prendre. Quant à moi, je suis convaincu que M. Canning n'a jamais regardé notre nation, sous la restauration, comme ayant une position digne d'envie ni fort dangereuse pour son gouvernement et l'Europe; son coup d'œil était trop juste et trop perçant. Si donc vous prétendez que sous elle, la France n'a été ni si humiliée, ni si endurante, ni si bravée qu'on l'affecte de le croire, c'est sûrement parce que vous avez été son ministre, son ambassadeur.

« L'empereur Alexandre me fournirait d'autres
» témoins irrécusables de ce fait. Je possède les
» marques de confiance dont il m'honorait; il me fai-
» sait écrire qu'il signerait, les yeux fermés, tous les
» traités que je lui présenterais au nom de la France;
» et la diplomatie n'ignore pas que je n'ai cessé de
» réclamer » (à peu près comme celui qui s'intéresse
à quelqu'un pour lui faire avoir une place, sans se
soucier de réussir ni sans penser à la manière d'y
parvenir) « pour ma patrie un partage plus équi-
» table de l'Europe que le partage des traités de
» Vienne. » Invoquer le témoignage d'un souverain,
ennemi de la France, qui ne cherchait et ne voulait que son abaissement, qui parlait en maître à
son chef; d'un souverain, ennemi de la liberté, qui
a refusé à ces nobles et vaillans Polonais, la constitution qu'il leur avait promise; d'un souverain, le
dictateur de cette sainte-alliance, dont les traités
sont là pour affirmer qu'il n'aspirait qu'à la ruine
de notre patrie; invoquer le témoignage d'un tel
monarque, dire qu'il signerait, les yeux fermés,
tous les traités que vous lui présenteriez, c'est se
fondre dans sa personne, c'est s'identifier avec ses
vues et ses plans, c'est servir ses projets au détri-
ment de son pays; ou bien c'est se déclarer le jouet
de sa volonté, impuissant de le combattre, de lui
résister, c'est avouer qu'on est tombé dans ses
piéges volontairement ou involontairement, qu'on
s'est laissé entortiller dans ses filets cousus d'or et
de soie : et un tel aveu sort de la plume de M. de
Chateaubriand, d'un ministre, d'un ambassadeur

français! quelle naïveté, quelle bonhomie! que la France était habilement défendue! que la légitimité était grande et puissante! Il ne faut point se faire illusion, jamais un souverain, quelque bienveillant, quelque généreux qu'il soit, ne peut vouloir sincèrement la prospérité et l'accroissement de puissance d'une nation qui lui est tout-à-fait étrangère; les intérêts du pays qu'il gouverne s'y opposent et réclament ses soins avant tout autre; jamais il ne peut être l'ami sincère d'un autre souverain, parce qu'en politique il n'y a point de sentimens, c'est l'intérêt seul qui domine : cela ne peut pas être autrement.

« Quand le gouvernement actuel aura fait la » guerre sous le drapeau tricolore, comme la restauration sous le drapeau blanc, en présence de la » liberté de la presse; quand il aura agrandi notre » territoire, illustré nos armes, amélioré nos lois, » rétabli l'ordre, relevé le crédit et le commerce, » alors il pourra insulter à la restauration, etc. » Ce gouvernement ayant à sa disposition une armée, qui, plus d'une fois, s'est illustrée dans les armes, et d'habiles chefs pour la commander, pourra, quand il voudra, faire la guerre avec succès, obtenir les mêmes triomphes dont la France a été mille fois couronnée, et enchaîner la victoire à son char; mais ce gouvernement, sage dans ses actions, mesuré dans sa marche, éclairé dans sa conduite, dédaigne de courir les chances d'une vaine ambition; il n'aura pas besoin d'invoquer la guerre pour assurer à la France beaucoup de bonheur, de prospérité, tous les avantages qu'elle est en droit d'attendre de lui ; sa plume suffira pour atteindre ce but, ce qui vaut infiniment mieux, parce que le sang est épargné et ne coule pas : au lieu de s'illustrer par son épée, chose qui n'est pas rare chez nous, ce sera désormais par sa plume.

Quant à l'agrandissement de notre territoire, je ne sais s'il serait bien utile à notre nation et s'il ne lui serait pas funeste ; comme c'est une question d'avenir, et que d'ailleurs je n'ai pas assez de données pour bien la juger, ni ne suis en position d'émettre mon avis à ce sujet, je ne m'y arrêterai pas.

Il faut convenir, monsieur le vicomte, que vous êtes bien difficile, bien aveugle ou bien partial, pour ne pas vous être aperçu, depuis le règne de la nouvelle dynastie, que notre constitution a été améliorée sensiblement ; la loi électorale, la loi municipale, celle sur la garde nationale, celle sur l'application du jury aux délits de la presse et aux délits politiques, et la non condamnation à mort des ex-ministres, n'en sont-elles pas des preuves bien palpables ?

Généreux comme il s'est montré à l'occasion de ce procès, puissant comme il est, puisque toute la France, sauf quelques chétifs individus, est pour lui, jamais il n'a insulté ni n'insultera à la restauration ; son cœur et sa tête sont trop hauts, ses maximes trop élevées, pour s'abaisser à de si misérables vengeances : jamais on n'a vu le fort exercer sa puissance sur le faible, quand ce faible ne l'attaque ni ne lui porte ombrage.

« Vous parlez de l'abaissement de la France, et
» vous êtes à genoux! cela vous va mal. Les vaincus,
» qui ne le sont pas de votre main, peuvent encore,
» malgré leurs blessures, relever votre gant et vous
» renvoyer vos dédains. » Un gouvernement qui
s'appuie sur des forces dont j'ai déja fait le détail à
la page 16, qui sait se faire écouter des autres cabinets, ne peut être à genoux; cette position n'est
en harmonie ni avec ses ressources, son génie et sa
liberté. Le pouvoir des vaincus est pour toujours
anéanti; il a été brisé non par les armes de la révolution de 1830, mais par son génie; jamais ils ne
seront à même ni n'oseront relever le gant, comme
les vainqueurs de juillet.

A vous entendre, il semble que les travaux de la
restauration sont ceux d'Achille, d'Hercule, d'Alexandre; qu'ils dureront comme eux; que la terre et les
cieux en ont été ébranlés. Et quels sont ces travaux,
ces illustres campagnes, si glorieux, si brillans, si
dignes d'occuper la renommée, qui ont enfanté tant
de merveilles? le donquichotisme d'Espagne, qui a
frappé de mort sa liberté, un voyage en Grèce, une
partie de chasse à Alger. Ces trois événemens à jamais
mémorables, dignes de l'admiration des siècles futurs, passeront à la postérité la plus reculée, sous le
nom de Trinité de la restauration; et le gouvernement actuel n'en atteindra ni n'en surpassera jamais
la hauteur.

« Et pour dire un mot de ce système de non in-
» tervention, dont on fait tant de bruit, je pense
» qu'un homme d'état ne doit jamais énoncer des

principes rigoureux à la tribune, car l'événement
» du lendemain peut le forcer à déroger à ces prin-
» cipes. Aussi avons-nous vu l'étrange embarras des
» ministres, lorsque s'écriant toujours qu'ils n'inter-
» venaient pas, ils intervenaient sans cesse dans les
» transactions de la Belgique, etc. » Mais qui me ga-
rantira que la politique du gouvernement n'est pas
quelquefois obligée à montrer publiquement de l'in-
stabilité dans ses idées, à déclarer même des maximes
que d'avance il sait bien n'être pas applicables, à se
forger des embarras à la tribune, que, dans le cabinet, il sait fort bien applanir. En ce qui concerne les
affaires extérieures, la politique ne peut pas suivre de
principes sans s'exposer à de grands inconvéniens et
à de funestes conséquences. J'ai peine à croire que les
ministres, occupant une position si élevée, informés
de tout ce qui se passe à l'extérieur comme à l'intérieur, ne puissent découvrir de loin le point de vue
qui se présente à eux, lire dans l'avenir, prévoir ce
qui est de nature à l'être, et établir, d'après ces bases, leurs attaques et leurs défenses; s'il en est autrement, c'est qu'ils sont le jouet ou l'instrument
nécessaire d'une politique beaucoup plus habile,
beaucoup plus profonde que la leur, et qu'il n'est
pas en leur pouvoir d'atteindre le dernier échelon
de la diplomatie superfine. Pour qu'un homme
d'État ne soit dupe de rien, il faut qu'il sache pressentir les événemens qu'il n'aurait pas dirigés, en
préparer, calculer en un moment ce qui peut être
utile ou tourner à l'avantage du pays qu'il gouverne, le mettre à l'abri des orages que ces événe-

mens peuvent amener; deviner toutes les pensées des autres cabinets, sans se laisser deviner par eux; déjouer leurs plans et les faire tourner au profit de sa patrie; juger tout le monde sans l'être par personne; saisir en un clin d'œil tout ce qui est à même de le servir; mettre en mouvement avec promptitude et ensemble les ressorts qui doivent concourir au jeu de sa machine et aux succès de ses vues; déterminer les autres par son tact, sans qu'ils s'en aperçoivent, à seconder ses projets; il faut qu'il ne leur laisse jamais aucun indice qui les mette sur la voie du but qu'il veut atteindre; qu'il plane sur ce globe comme l'aigle dans les airs.

« Le département des relations extérieures avait, » de son propre aveu, déclaré que la France ne con- » sentirait pas à l'entrée des Autrichiens dans les » pays insurgés de l'Italie, et les Autrichiens sont » entrés dans ce pays, et la France a laissé faire, et » de généreux citoyens qui n'avaient agi qu'en se » confiant à notre déclaration, gémissent peut-être » actuellement dans les cachots. » Si le département des relations extérieures a déclaré que la France ne consentirait pas à l'entrée des Autrichiens dans les pays insurgés de l'Italie, c'est qu'il a eu, à cette époque, des raisons, que j'ignore entièrement, pour le déclarer; un gouvernement habile ne donne rien au hasard, il calcule et combine d'avance ses actions et leurs conséquences. Si les Autrichiens sont entrés depuis dans ces pays, qu'ils n'ont pas longtemps habités, les événemens l'ont prouvé, et que la France a laissé faire, c'est que les circonstances commandaient peut-être cette mesure et que son gouvernement, pour ne pas l'exposer à quelques avaries contraires à ses intérêts, a cru bon et utile de s'y soumettre sans blesser en rien l'honneur français. C'est sans doute un malheur que de généreux citoyens aient pris trop à cœur et avec trop de feu les déclarations de la politique, aient suivi d'une manière trop jeune leurs nobles élans pour la liberté, mais la nation française devait penser à elle avant de songer aux autres, et, à tous égards, il paraît qu'il n'était pas en son pouvoir d'agir autrement : elle ne peut ni ne doit user ses forces pour le bon plaisir des autres ; sa sûreté le lui ordonne, la prudence le lui recommande, son intérêt le lui défend. Le gouvernement a très bien fait de rester neutre dans tous ces débats ; en suivant cette route, il obtiendra, peut-être, sans avoir couru de dangers, des avantages plus précieux que s'il fût intervenu par les armes.

« On eût évité ces misérables contradictions, en » se renfermant dans les règles de la politique. » Mais la politique qui touche à tant d'intérêts divers, portés à se briser les uns les autres parce qu'ils reposent sur un pouvoir qui ne reconnaît ni frein, ni limites dans l'exécution de ses desseins, qui renferme tant d'élémens opposés, qui concerne tant de nations peu disposées à se soumettre les unes aux autres, serait bientôt entraînée dans l'abîme si elle agissait par principes et par règles ; sa nature et son penchant lui défendent de s'en prescrire et d'en suivre : ils la lieraient dans sa marche, l'arrêteraient dans son action, qui ne reconnaît d'autres lois que la force, devant laquelle elle baisse pavillon. Elle n'est pas comme un système ni comme une science, qui ont besoin d'être fondés sur des règles et des principes pour être éclaircies et conçues; elle, au contraire, n'en veut point; elle se plaît dans l'obscurité et aspire à ne point être comprise; son intérêt le demande. Son grand art est de tromper, et pour tromper il n'est pas possible de s'assujétir à des règles et à des principes, car si elle s'y astreignait, elle serait à chaque instant exposée à de grands malheurs et à voir crouler ses ouvrages. Il est donc impossible qu'elle en admette, à moins que toutes les nations du globe s'entendissent pour en établir, les fixer, les reconnaître; et qu'ensuite elles élevassent un tribunal suprême pour punir quiconque les enfreindrait : or, comment s'entendre, fonder un tribunal, tomber d'accord sur le lieu de son siége, quand ces nations sont à des milles lieues l'une de l'autre, qu'elles ont un langage, un esprit, des mœurs différens.

« Un gouvernement ne proclame pas de si haut » des doctrines qu'il n'est pas sûr de pouvoir main- » tenir, ou qu'il ne se sent pas décidé à maintenir. » Comme un gouvernement ne donne rien au hasard, ne marche pas à l'aventure et n'agit que quand il a bien pesé ses actions et ses paroles, s'il a proclamé des doctrines qu'il n'est pas sûr, dites-vous, de pouvoir maintenir, ou qu'il ne se sent pas décidé à maintenir, c'est qu'il a eu ses raisons pour cela, c'est que les circonstances, les événemens, l'ont porté à aventurer des paroles qui au fond ne le sont pas. En politique, comme dans les plus simples affaires de la vie, il est bon de détourner l'attention des spectateurs et de l'attirer sur un autre sujet que celui qu'on a en vue, afin de mieux arriver à son but et de réussir dans ses démarches. Un gouvernement qui touche par tant de points et de relations au dehors, qu'il est forcé de veiller pour assurer le dedans, qui embrasse toute la terre, qui est lui-même surveillé par d'autres cabinets jaloux de pénétrer ses desseins pour le contrecarrer dans sa marche, ne peut parler ni agir comme un bon bourgeois de la rue Saint-Jacques, dont le cercle des affaires n'a pas plus d'étendue que celui qui sert d'amusement aux enfans. Pour ne pas compromettre ses intérêts et ceux de son pays, ce gouvernement a raison de jeter du louche dans ses opérations, de se montrer tantôt d'une manière, tantôt de l'autre, de ne point être fixe dans ses déguisemens, afin de mieux tromper et dérouter ses ennemis. Que voit-on sur toute la surface du globe, chez les individus comme chez les nations? des trompeurs et des trompés, des hommes qui tendent des filets à leurs semblables, d'autres qui s'y laissent prendre. Puisque le monde est bâti comme cela, puisqu'il a des intérêts qui, pour les couronner de succès, l'obligent à avoir recours à la ruse et à la malice, il ne faut pas s'étonner qu'un gouvernement agisse de même qu'un simple individu dans des affaires qui sont d'une toute autre importance que les siennes, et dont la nature exige qu'elles soient tenues secrètes jusqu'au moment où les circonstances permettent qu'elles soient rendues publiques.

« Des hommes qui n'avaient pas bien compris la » révolution de juillet, etc., ont cru que la monar- » chie nouvelle ne pouvait exister de droit, si elle » n'était vite sanctionnée de tous les cabinets de » l'Europe. » Le point essentiel pour cette monar- chie était qu'elle fût reconnue par toute la France, comme elle l'a été en un moment. Quant aux cabi- nets de l'Europe, ce n'était que par manière de for- malités qu'elle leur a demandé leur sanction, dont elle pouvait d'autant mieux se passer que cette sanc- tion n'était qu'accessoire, et que, si elle avait été refusée, elle n'eût en rien diminué ses droits ni em- pêché le fait de s'accomplir.

« Au lieu de contraindre à cette reconnaissance » par une attitude de force et de grandeur, on l'a » sollicitée par des offices de chancellerie ; on a mis » en avant le principe de non intervention pour se » cacher derrière. » Cette reconnaissance n'a point en effet été obtenue par la force matérielle, mais elle a été le résultat de l'adresse, de la finesse, de la sa- gacité de la révolution de juillet, et peut-être même de la liberté. Si on a mis en avant le principe de non intervention, je pense que c'était non-seulement dans un but d'utilité pour les journées de juillet, mais aussi à cause de l'avenir. Ainsi, d'une manière ou d'une autre, le gouvernement actuel a bien fait de s'en servir, puisqu'il n'en a recueilli que des avan- tages.

« La reconnaissance obtenue, on s'est trouvé em-

» barbouillé dans ce principe dont on n'avait pas
» senti la portée; on l'avait voulu pour vivoter en
» paix non pour vivre en gloire. » Il est plaisant de
voir que ceux qui ont calculé d'avance les chances
de ce principe s'y soient embarbouillés et n'en aient
pas senti la portée, comme si rien ne pût être com-
biné d'avance et que tout fût l'effet du hasard,
maxime qui n'a jamais été reconnue parmi les plus
grands esprits. Si on l'a voulu, ce n'est pas pour
vivoter en paix, mais pour donner à la France des
jours heureux et glorieux, la faire exister au milieu
de la paix et de la prospérité.

« Certainement nous ne sommes pas obligés de
» nous constituer les champions de tous les peuples
» qui s'agiteront sur la terre; mais il faut que nos
» discours et nos déclarations publiques ne leur soient
» pas un piége, etc. » Mais la politique ne vit que
de piéges; elle ne peut se pratiquer ni exister que
par eux : il n'est pas au pouvoir des gouvernemens
de s'en affranchir; ils sont forcés d'y avoir recours;
leur intérêt, celui de leur pays, le caractère de
l'homme, en général, le leur ordonnent. Les individus entre eux s'entendent dans leurs affaires, à
plus forte raison les nations, qui sont toujours en
face de leur ennemi. Il est à déplorer que l'espèce
humaine en soit réduite là, mais, comme elle est
constituée, cela ne saurait être autrement. Dans le
duel qui s'est élevé entre la liberté et le pouvoir
absolu en Belgique, en Pologne, en Italie, la France
s'est acquittée de ses devoirs sans dépasser les limites qu'ils lui traçaient; elle aurait bien voulu

arrêter le sang qui n'a déjà que trop coulé, mais ses efforts passaient sa puissance.

« Résulte-t-il de ceci que je conseillerais la guerre » si j'avais le droit de donner un conseil? Il y a cinq » ou six mois que j'aurais dit sans hésiter : Profitez » de la nouvelle position de la France, de son éner- » gie, de la bienveillance des nations, de la frayeur » des cabinets, pour lui faire obtenir, par des traités » ou par les armes, les limites qui manquent à sa » sûreté et à son indépendance. » Ces deux phrases me paraissent impliquer contradiction; par la pre- mière, on est naturellement porté à croire que vous êtes pour la négative, tandis que la seconde fait présumer que vous penchez pour l'affirmative; car, pour obtenir tous les avantages dont vous parlez, il aurait fallu nécessairement recourir aux armes; les rois ne se laissent pas effrayer aussi facilement que vous le supposez ni par de vaines paroles ni par de futiles démonstrations, et, ainsi que les autres hommes, ils ne sont jamais bien disposés à rendre ce qu'ils ont pris ou gagné : la force seule les y dé- termine, et cette force ne peut venir que de celle des armes. A tout considérer, je crois qu'en mettant la promptitude que vous vouliez dans les affaires, en employant les moyens que vous donnez, on les aurait plutôt gâtées qu'arrangées; le temps, quand on sait l'attendre, en amène bien mieux le dénoue- ment et le succès. Vos conseils, selon moi, auraient été plus funestes qu'avantageux à la monarchie de juillet. Les rois étaient si peu frappés de stupeur par notre dernière révolution, que l'empereur Nicolas, aussitôt qu'il en a appris la nouvelle, était décidé à marcher sur Paris, et certes ce souverain aurait entraîné les autres. Que de sang aurait coulé sans de bons résultats! quelle affreuse responsabilité aurait pesé sur vous, si vous aviez été cause d'une si affligeante calamité! Voyez comme les événemens ont tourné; les fruits qu'ils ont apportés ne sont-ils pas mille fois meilleurs pour la France, la civilisation et l'humanité, que les chances d'une guerre qui aurait précipité l'Europe dans un abîme sans fond, qui l'aurait inondée et de larmes et de sang. Emporté comme un jeune cheval, vous avez peu réfléchi, je pense, aux conséquences d'une telle lutte, aux maux qu'elle aurait engendrés. Ces sentimens sont beaux, ils sont dignes d'un preux chevalier; mais si la vaillance les approuve, la sagesse les rejette.

« C'était une condition de vie pour un gouver-
» nement qui aurait compris le mouvement de juil-
» let. Maintenant l'heure n'est-elle point passée? »
Cette condition de vie aurait bien pu se tourner en condition de mort pour un gouvernement qui aurait compris, à votre manière, le mouvement de juillet; le jeu de la guerre est trop hasardeux et trop chanceux pour y livrer les destinées de tout un peuple. Les mesures qu'on a prises ont été infiniment plus prudentes et plus sages; elles ont produit, sans rien compromettre, sans rien ébranler, des effets meilleurs, plus solides et plus stables que ceux de la guerre. Il est drôle d'entendre qu'un gouvernement, comme celui qui a présidé aux trois jour-

nées, n'en ait pas compris le mouvement; cette idée ne peut venir que d'un esprit qui non-seulement n'était pas initié à ses mystères, mais qui était bien loin de les deviner. L'heure n'est point du tout passée pour la révolution de juillet; le temps amènera petit à petit ses conséquences ainsi que ses fruits qui parfumeront la terre; les siècles auront beau s'entasser les uns sur les autres, ils n'éteindront pas son éclat aussi pur, aussi vif, aussi bienfaisant que celui du soleil. Cette révolution, dont il sera fait long-temps mention, n'avait pas besoin de guerre pour se consolider, son génie tutélaire en avait lu dans l'avenir d'autres qui l'ont bien mieux servie et affermie que la guerre et la diplomatie. Ce qu'il lui fallait pour se fortifier et se mûrir, c'est du temps; elle l'a obtenu par sa plume, sans avoir eu recours à son épée : ce genre de succès n'est pas sans gloire pour elle; la coupe enchantée de la victoire, sans être teinte de sang, s'est approchée de ses lèvres.

« Notre révolution n'a plus les caractères purs et » distinctifs de son origine; elle n'est plus qu'une » révolution vulgaire : des esprits communs l'ont en- » gagée dans des routes communes. » Métaphysique et pur verbiage que tout cela. La révolution de juillet n'a pas changé et ne changera pas, je l'espère: son principe est bonheur et gloire pour la France, prospérité et abondance pour ses habitans; son but, l'abolition de l'esclavage, la dignité de l'homme, le maintien de l'ordre, le perfectionnement des sciences, des arts, de l'industrie; son esprit, modération et grandeur. Ce principe, ce but, cet esprit, opèreront des résultats bien meilleurs que ceux nés de l'élan naturel des masses, et leur accomplissement ne fera ni reculer, ni rougir l'homme de bien qui veut toujours l'intérêt de sa patrie.

« A entendre les déclamations de cette heure, il » semble que les exilés d'Édimbourg soient les plus » petits compagnons du monde, et qu'ils ne fassent » faute nulle part. Il ne manque aujourd'hui au pré- » sent que le passé, etc. » Si les exilés d'Édimbourg avaient été de simples citoyens, ils eussent été entièrement méconnus dans le monde ; ils n'avaient rien qui pût occuper la renommée aux cent bouches. S'ils ont fait du bruit, ce n'est qu'à cause du haut rang qu'ils tenaient. Leur chute a retenti en Europe, mais c'est parce qu'ils étaient souverains : plus on est élevé, plus on produit de fracas en tombant. Si elle a entraîné des ruines, c'est parce que, comme je l'ai dit à la page 3o, leur racine avait pris naissance sous leur règne. Si vous dites qu'aujourd'hui il ne manque au présent que le passé, à mon tour je dirai qu'il n'a manqué au passé que le présent.

« Comment se fait-il que, par le déplacement d'un » seul homme à Saint-Cloud, il ait fallu prêter 3o » millions au commerce, vendre pour 2oo millions » de bois de l'État, augmenter les perceptions de » 55 centimes sur le principal de la contribution » foncière, et de 5o centimes sur la contribution des » patentes. » Outre que tout cela prouve que l'administration de la France, sous Charles X, ne reposait pas dans d'habiles mains, que ses trésors, sous lui, ont été prodigués au premier venu et au premier intriguant; qu'il y a eu des dilapidations qui devaient tôt ou tard amener de grands malheurs; je dirai que la position du gouvernement actuel ayant été celle d'un simple individu qui prend, sous sa responsabilité, les affaires d'une maison tombée en ruines, ce gouvernement a été obligé d'avoir recours à toutes sortes de moyens pour réparer tous les désastres produits par l'inhabileté, la faiblesse, la rapacité, et subvenir aux dépenses que sa nouvelle position exigeait qu'il fît. En bon et généreux citoyen, qui sait compatir aux malheurs d'autrui, il s'est empressé d'accourir au secours de ceux que la tempête avait atteints. Mais toutes ces calamités, qui ont tant affligé le commerce ainsi que la France, nées sous la légitimité, mûrissaient depuis bien long-temps; ce n'est pas le déplacement d'un seul individu qui en a été cause, ce sont les événemens, l'esprit de l'homme et son avidité, le peu de capacité de ce roi déchu : elles devaient tôt ou tard éclater, seulement les ordonnances de juillet en ont hâté le moment.

« Ces individus, si chétifs à nos yeux, ont ébranlé » l'Europe dans leur chute. » Ce n'est pas leur chute, ni leurs hauts faits, ni leur illustre renommée, qui ont ébranlé l'Europe, c'est la liberté, c'est son empire, c'est la révolution de juillet.

« Les hommes de théorie prétendent qu'on a » gagné à la chute de la légitimité, le principe de » l'élection. » Ils ont raison de prétendre cela, et je suis entièrement de leur avis. Certes, ce n'est pas avoir gagné peu de chose que de l'avoir obtenu. Ce

principe, qui est maintenant changé en celui d'hérédité, a été fort avantageux à la France au moment
de son application : par lui, elle s'est donné pour
chef le souverain qu'elle croyait le plus capable de
lui assurer les garanties de son indépendance et de
sa liberté; par lui, son état social s'est fortement
amélioré et s'améliorera encore davantage. La chute
de la légitimité nous a donc été très favorable, puisqu'avec elle nos craintes ont disparu; et que sans
elle, l'espérance d'un grand bien renaît. Ce grand
bien, dont une partie est déjà accomplie, est pour
nous un sûr présage que l'autre comblera tous nos
souhaits.

« L'élection est un droit naturel, primitif, incon-
» testable; mais l'élection est de l'enfance de la so-
» ciété, lorsqu'un peuple opprimé et sans garanties
» légales n'a d'autre moyen de délivrance que le
» choix libre d'un autre chef. » Si l'élection est un
droit naturel, primitif, incontestable, comme je le
reconnais aussi, il est bon d'en faire usage, toujours
juste de l'appliquer en tous temps, en tous cas, en
toutes circonstances, quand les événemens l'exi-
gent, quand le peuple opprimé n'a d'autre moyen
de délivrance que le choix d'un autre chef, qu'il ait
ou non des garanties. Ces garanties ne servent à
rien, parce qu'elles ne retiennent jamais le pouvoir
qui les brise lorsqu'elles gênent son action. L'élection réunissant en elle la volonté de la majorité de
la société, lui offre des cautions que ne lui offre pas
tout autre principe; et, sous ce rapport, il est toujours légal de l'exercer, lorsque, comme je viens de

le dire, l'occasion le requiert. Le choix fait volontairement par elle vaut infiniment mieux, pour le
bien de tous, que celui imposé par la force. Mais,
dites-vous, l'élection est de l'enfance de la société?
peu importe, pourvu que les résultats soient bons.
Si elle est de l'enfance de la société, raison de plus
pour s'y soumettre; pure comme le jeune âge, dé-
gagée de tout alliage et des vices de la vieillesse, elle
ne produira que de bons effets. Ce principe, outre
qu'il est de l'enfance de la société, est aussi de tous
les âges, parce que le droit de l'homme est toujours
le même et ne vieillit pas. La civilisation et le progrès des lumières ne sauraient altérer en rien sa
pureté, ni diminuer ses avantages. Il est si juste, si
conforme au droit et à la raison, qu'il est également
applicable aux nations les plus civilisées comme aux
plus ignorantes et aux plus sauvages. Le peuple
français s'étant trouvé opprimé, il n'a pas voulu se
soumettre au joug qu'on lui imposait; vainqueur,
il s'en est servi, mais en peuple éclairé; car sitôt
qu'il a eu consommé son acte, il l'a changé en hérédité, afin d'éviter les commotions, toujours dan-
gereuses pour la société, qu'amène indubitablement
un changement souvent renouvelé.

« Sous l'empire d'une civilisation avancée, quand
» il y a des lois écrites, quand le prince ne peut
» transgresser ces lois sans les armer contre lui,
» sans s'exposer à voir passer sa couronne à son
» héritier, l'élection perd son premier avantage; il
» ne lui reste que les dangers de sa mobilité et de
» son caprice. » Quelque grand que soit l'avancement

d'une civilisation, quelqu'éclatantes que soient ses lumières, il sera toujours au pouvoir d'un prince, en supposant qu'il ait à sa disposition tous les élémens qui donnent de la puissance, et qu'il n'ait point à combattre une force supérieure à la sienne, de transgresser les lois écrites et d'empêcher qu'elles s'arment contre lui, de braver les dangers que de tels actes pourraient attirer sur lui; alors l'élection serait étouffée, alors elle n'aurait plus ni avantage ni désavantage.

« Dans un État politique incomplet, l'élection est » la constitution tout entière; dans un État politi- » que perfectionné, la constitution est l'élection dé- » pouillée de ce qu'elle a de passionné, d'ambitieux, » d'anarchique et d'insurrectionnel. » Cette phrase me paraît très vague; elle n'est, selon moi, ni très claire ni très précise : son cercle n'est pas nettement tracé, son sens bien clairement déterminé. Que signifie un État politique incomplet? quelle idée peut-on y rattacher, et quelle différence y a-t-il entre lui et un État politique perfectionné? L'auteur n'en parle pas, et ne donne pas la définition de ce qu'il entend par ces deux États : je ne sais si c'est par impuissance, ou parce qu'il a cru inutile d'en faire ici mention. Depuis que le monde est monde, on n'a pas encore vu un État politique parfaitement complet; il reste toujours quelque chose à y faire; le temps qui s'écoule y amène sans cesse quelques changemens; il n'y a que l'œuvre de Dieu qui est complète : les siècles ont beau se succéder, ils n'y apporteront aucune innovation ; alors on peut dire avec sûreté et sans crainte d'être démenti que cette œuvre est complète; mais il n'en est pas de même de l'ouvrage des hommes, si variables, si susceptibles d'améliorations.

« Que si par l'élection, on arrive au changement
» de race, ce qui peut être quelquefois utile, on
» arrive aussi à la multiplication des dynasties
» royales, aux guerres civiles comme en Pologne,
» à sa succession électorale des tyrans militaires
» comme dans l'empire romain. » Sans doute par l'élection on arrive au changement de race, mais cette élection, une fois consommée, une fois changée en hérédité, ne peut multiplier les dynasties royales ou impériales, à moins que des événemens, semblables à ceux de nos jours, en se répétant, ne contraignent un peuple à multiplier aussi ses élections; mais cela n'est plus probable pour nous qui avons ce qui nous convient. Les temps des guerres civiles en Pologne, ceux de la succession électorale des tyrans militaires de l'empire romain, étant bien loin de nous et n'étant plus les nôtres, nous n'avons plus à craindre ces fléaux dont la raison et la philosophie de notre siècle ont fait justice. La brièveté de la révolution de juillet, l'ordre qui y a régné, sa modération, sa douceur, son humanité, nous en sont un sûr garant.

« Nous marchons à une révolution générale : si la
» transformation qui s'opère suit sa pente et ne ren-
» contre aucun obstacle, si la raison populaire con-
» tinue son développement progressif, si l'éducation
» morale des classes intermédiaires ne souffre point

» d'interruption, les nations se nivelleront dans une
» égale liberté; si cette transformation est arrêtée,
» les nations se nivelleront dans un égal despo-
» tisme. » Oui nous marchons à une révolution générale, mais cette révolution, suscitée par la liberté,
dirigée par elle, ne peut que tourner au profit des
peuples, à leur amélioration sociale. Quiconque
apprécie avec justesse la situation générale des nations de l'Europe, leur esprit et leur penchant, ne
saurait avoir de doute sur la pente que suivra la
transformation qui s'opère en ce moment. Cette
pente entraînera les despotes qui voudront s'y op-
poser; elle conduira le monde à une liberté comme
celle dont jouissent la France et l'Angleterre : ces
deux premiers pays, contemplés avec envie par les
autres, leur serviront de modèle et feront naître
chez eux le désir de marcher sur leurs traces. En
examinant avec soin les événemens qui se passent
en Europe, on verra qu'elle est sur le point de subir
cette transformation. En portugal, en Espagne, la
liberté fait battre bien des cœurs; elle y fait pousser
des germes qui, un jour ou l'autre, sortiront de
terre : En Italie, son culte y est adoré; en Pologne,
son asyle y est déjà fixé; en Allemagne, ses conquêtes couvrent son sol; en Belgique, elle y est en
pleine fonction, elle parle, elle décrète. Ainsi, du
nord au midi, du couchant à l'orient, éclatent les
signes indubitables de cette heureuse transformation : comme un torrent, elle renversera tous les
obstacles qui l'arrêteront dans sa course; et, du haut
de sa grandeur et de sa puissance, elle verra tomber

à ses pieds le despotisme expirant, s'agiter encore jusqu'au dernier moment de sa mort. La révolution de juillet, appuyée sur la liberté, aura fait tous ses prodiges ; comme un autre christianisme, elle soumettra le monde.

« Il ne peut résulter des journées de juillet, à une » époque plus ou moins reculée, que des répu- » bliques permanentes ou des gouvernemens mili- » taires passagers, que remplacerait le chaos. » Oh! comme il est absurde de croire que, des journées de juillet, il ne peut résulter que des républiques permanentes ou des gouvernemens militaires passagers, quand tout, sous nos yeux, prouve le contraire, quand la France, maîtresse de se donner la forme de gouvernement qui lui plaisait le plus, a choisi la royauté constitutionnelle plutôt qu'une république, qui n'est plus de nos mœurs, et qui ne convient qu'aux petits États, et que tout se consolide chez elle par cette royauté ; quand la Belgique, toute petite qu'elle est, n'a pas voulu s'ériger en république ; quand l'Europe renferme des élémens opposés à ce genre de gouvernement, et que l'esprit de ses habitans est à jamais dégoûté du despotisme militaire. Rome naissante, petite, pauvre, ignorante, a vécu long-temps en république, mais quand elle s'est agrandie, enrichie, quand le luxe a commencé à y exercer sa puissance, quand les sciences ont pénétré dans les esprits capables d'en recevoir, la République a disparu pour faire place à l'Empire. Non, non, il ne saurait résulter des journées de juillet des républiques permanentes ou des gouvernemens militaires passagers; l'Europe contient de trop grands états, est trop riche, trop civilisée, trop éclairée, ses habitans trop ennemis du despotisme militaire, pour que ces chimères se réalisent. Mais ce qui peut en arriver, c'est une tribune dans les pays où il en manque, sans en excepter ni le Portugal ni l'Espagne, ni même l'empire de Turquie.

« Eh bien! toutes ces concessions faites, notre » recours à une vengeance sans prévision et sans » limites n'en est pas moins un des plus funestes » accidens qui aient pu arriver aux libertés comme » à la paix du monde. » Il est malheureux pour vous de penser que notre recours à une vengeance sans prévision et sans limites, est un des plus funestes accidens qui aient pu arriver aux libertés comme à la paix du monde, lorsque cette vengeance, si noble, si généreuse, si méritée, de votre propre aveu, a fait voir qu'elle était si favorable aux libertés comme à la paix du monde; qu'elle en a donné des preuves irrécusables, qu'elle s'en est instituée la gardienne inébranlable; lorsqu'il est constant que, si les journées des 27, 28 et 29 juillet n'avaient pas triomphé, nous aurions langui dans un despotisme qui, en étouffant la liberté, aurait coupé la respiration au génie, et plongé la France dans une ignorance digne des temps les plus ténébreux et les plus barbares. Refuser d'admettre les avantages, les améliorations, qu'a introduits parmi nous la révolution 1830, et dont déjà nous avons ressenti d'heureux effets, c'est vouloir ne pas reconnaître la clarté du soleil parce qu'elle blesse les yeux; c'est montrer un esprit partial, peu disposé à réduire les choses à leur juste valeur, et à les examiner dans leur vrai jour.

« Que voulons-nous? que cherchons-nous? un » niveau plus parfait encore que celui qui nous éga- » lise. » Quand on voit quelqu'un marcher, et que par la direction qu'il a prise, son caractère, son esprit, on peut pressentir le point qu'il désire atteindre; est-il juste, est-il à propos de lui demander ce qu'il veut, ce qu'il cherche. Le gouvernement actuel n'agit pas dans un lieu privé de lumières; sa marche, pour les affaires intérieures, est tout-à-fait à découvert; son but n'est pas de trouver un niveau plus parfait que celui qui nous égalise, du moins ses actions, ses principes, qui se sont reflétés dans la loi électorale, ne donnent point à le penser; il est trop sage, trop éclairé, pour faire don à la France d'une telle chimère, impossible à réaliser de nos jours : la nature, la civilisation s'y opposent; cette chimère serait d'ailleurs une source de commotions pour elle, qu'il faut éviter à tout prix, si jamais elle venait à s'accomplir; mais ce qu'il veut, ce qu'il cherche, c'est l'amélioration de notre état social, le désir de mettre notre pays à l'abri des orages, de lui faire jouir d'un bonheur et d'un calme sans mé- langes.

« Nous remettrons-nous entre les mains de ces vé- » térans révolutionnaires, de ces invalides coupe- » têtes de 1793, qui ne trouvent rien de si beau que » les batailles de la guillotine? etc. » Ces temps dés- astreux ont déjà fui loin de nous, ils ne reparaîtront plus; leurs douloureux souvenirs sont encore trop présens à la mémoire des Français : l'expérience qu'ils en ont faite a laissé de trop profondes traces dans leur esprit, pour avoir à craindre désormais leur sinistre retour. Juillet et le progrès de la raison française ont mis entr'eux et nous une barrière qu'ils ne franchiront jamais. La liberté et la civilisation sont les sentinelles qui veillent à notre sûreté : avec de si puissans défenseurs nous pouvons dormir tranquilles et ne plus être agités d'aucune crainte.

« Entre les hommes qui livreraient toutes nos li-
» bertés pour une place de garçon de peine au ser-
» vice de la légitimité, et ceux qui les vendraient
» pour du sang à une usurpation de leur choix, etc.,
» on est bien embarrasé. » D'abord, il y a peu ou pas d'hommes, de nos jours, qui livreraient toutes nos libertés pour une place de garçon de peine au service de la légitimité, qui les vendraient pour du sang. Cette pensée n'est pas juste, elle est trop exagérée. Ensuite, il n'y a jamais d'embarras pour celui qui sait écouter la raison, la justice et sa conscience; qui impose silence à ses passions comme à ses affections, lorsqu'il s'agit de servir sa patrie.

« Les systèmes politiques ne m'ont jamais effrayé,
» je les ai tous rêvés; il n'y a point d'idées de cette
» nature dont je n'aie cent et cent fois parcouru le
» cercle. » Si vous avez rêvé tous les systèmes poli-
tiques et que vous en ayez cent et cent fois pacouru le cercle, vous avez dû vous arrêter à celui qui nous régit maintenant, comme étant le plus convenable, le plus propre à la dignité de l'homme et au déve-

loppement de ses facultés, chose infiniment pré-
cieuse pour l'humanité.

« Je ne veux pas, quand on me parle de l'avenir,
» qu'on me vienne donner pour du neuf les guenilles
» qui pendent depuis deux mille ans dans les écoles
» des philosophes grecs et dans les prêches des hé-
» résiarques chrétiens. » Les ouvrages des philosophes grecs ne sont pas tous des guenilles : Homère,
Platon, Aristote, Plutarque, en sont des preuves
très convaincantes. Ces illustres auteurs peuvent
avoir quelquefois montré la faiblesse de l'homme
et s'être ressentis du siècle où ils vivaient; mais
leurs œuvres resteront toujours l'admiration de la
postérité : ils étaient bien dignes d'une petite exception de votre part. Du reste, quelque faible mé-
rite qu'ont à vos yeux les philosophes dont vous
voulez parler, le mot de guenilles, que vous donnez d'une manière si tranchante à leurs ouvrages,
sans avoir égard aux temps ni aux lieux où ils ont
écrit, est trop dur, surtout quand après deux mille
ans leur mémoire vit encore dans notre souvenir.

« Sans préjugés d'aucune sorte, c'est donc pour
» mon pays que je déplore une subversion trop ra-
» pide. J'aurais désiré qu'on se fût arrêté à l'inno-
» cence et au malheur. » Il est humain de prendre
en considération l'innocence et le malheur; il est
beau d'y compatir; mais ces généreux sentimens
ne sont pas du ressort de la politique qui ne saurait
sympathiser avec eux. La liberté, opprimée par la
race de cet orphelin innocent et malheureux, peut
gémir de sa situation, mais elle ne pouvait l'adopter.

« L'étendard de la liberté y aurait flotté avec
» moins de chances de tempêtes, et tous les in-
» térêts s'y seraient ralliés. » C'est ici une question que je ne résoudrai pas, parce que j'ai pour
principe de ne rien préjuger; mais pourtant, s'il
fallait opter entre la négative et l'affirmative, je pen-
cherais pour la première, à cause des raisons que
j'ai données précédemment. Quant aux chances de
tempêtes, je crois qu'il m'est possible d'affirmer
en toute sûreté que le nouveau système, établi et
reconnu en France, n'y donnera pas lieu, parce
qu'il se compose des intérêts de toutes les classes
de la nation française et qu'il en est la sauve-
garde.

« On aurait fait tous les changemens que l'on
» aurait voulu à la Charte et aux lois. » L'esprit de
la légitimité ayant toujours été antipathique à la
Charte et aux lois libérales, peu disposé à changer
de système, les changemens qu'on y aurait faits
eussent été dans un sens contraire à la liberté; té-
moin le double vote, le retrait de la loi municipale et départementale, enfin, les ordonnances
de juillet. Toute cette belle théorie est bonne sur
du papier, mais il eût été difficile de la mettre en
pratique; bien des intérêts puissans, appuyés encore par le pouvoir de la restauration, s'y seraient
opposés et n'auraient pas eu de peine à triompher
d'elle.

« Mais pouvait-on s'arrêter à Henry V? Oui, avec
» moins de poltronnerie d'un côté et plus de sang-

» froid de l'autre, etc. » Pour moi, je pense que non, par la raison qu'en gardant le duc de Bordeaux, nourri, élevé dans l'esprit de ses ancêtres, imbu de leurs préjugés, c'eût été appeler toute la famille et mettre un grand obstacle au développement du système libéral. Le cas d'Henri V est tout-à-fait le même que celui du fils de Napoléon, en 1814; comme on ne voulait plus du père, on a songé à éloigner le fils. Les raisons qu'on en a données lui sont tout-à-fait applicables. Pour la liberté, pour le bien de l'humanité, pour l'extinction des préjugés, d'autant plus contraires à l'agrandissement de l'esprit de l'homme, qu'ils le tiennent comprimé dans des liens resserrés, dont il a peine à se dégager, on a très bien fait de suivre l'inspiration du génie de juillet; ce génie, pilote habile et expérimenté, ne peut que conduire la France dans un port sûr, inaccesible aux tempêtes (1).

« Supposez-vous le contraire? Alors, il était tou- » jours temps de faire ce qu'on a fait le 6 août. » Non, il n'en était pas toujours temps, parce qu'un changement de souverain ne se commande pas

(1) Comme le paragraphe qui commence par ces mots : *Je ne suis pas de cette opinion*, et finit par ceux-ci : *auraient été bientot plongés dans une profonde solitude,* est trop long pour être transcrit ici, et qu'il ne me semble pas de nature à exiger une réponse bien péremptoire, je prie le lecteur de recourir à la brochure de M. de Chateaubriand, page 36, pour trouver une suite à ce qui vient après.

aussi facilement qu'un changement de décorations,
ni ne se fait jamais sans qu'il y ait du sang de ré-
pandu ; parce que le chef d'une nation ne se renvoie pas à volonté comme un maître renvoie de chez
lui son domestique dont il n'est plus content. Dans
ces graves affaires, c'est l'occasion qu'il faut saisir ;
une fois qu'on la laisse échapper, elle ne se repré-
sente plus, et l'on a perdu avec elle les précieux
avantages qu'elle offrait au moment de son appa-
rition.

« Admettons que ce règne présumé n'eût pas été
» heureux, êtes-vous mieux aujourd'hui, êtes-vous
» plus assurés de l'avenir? » Oui sans doute, nous
sommes mieux aujourd'hui et plus assurés de l'avenir ; je n'en veux pour témoignages que les avantages
que nous avons recueillis de la révolution de juillet,
les améliorations qui se sont faites dans les lois qui
nous régissent, depuis cette époque, et l'espérance,
fondée sur ces actes, qu'ils nous laissent pour la
suite : les méconnaître c'est afficher une partialité
indigne de la raison et de la justice, ou bien c'est
avouer qu'on ne voit pas clair et qu'on n'en a pas
senti les heureuses conséquences. J'en appelle à tous
les gens sensés, réfléchis, sans passion d'aucune
sorte ; ils décideront eux-mêmes si, sous la dynastie
nouvelle, la liberté se trouve plus resserrée, si nous
avons les mêmes craintes, les mêmes alarmes pour
notre perfectionnement social, que sous l'ancienne,
toujours menaçant de coups d'état l'avenir de la
France.

« Dans tous les cas, un congrès national réuni

» pour examiner ce qu'il y avait à faire, aurait été
» préférable, selon moi, à un gouvernement impro-
» visé de ville en ville pour trente-trois millions
» d'hommes, avec le passage d'une diligence sur-
» montée d'un drapeau. » Ce congrès national dont
vous parlez a eu lieu; c'était la chambre des pairs et
celle des députés. Ces deux chambres, constituées
légalement, existant par la volonté expresse de la loi
fondamentale de l'État, et par cette raison, étant
l'organe légitime et naturel des sentimens de la
France, réunissaient en elles tous les droits et tous
les pouvoirs d'un congrès national. Ainsi le gouvernement actuel n'a point été improvisé de ville en
ville, comme vous voulez bien le dire; il est le résultat, la conséquence de la volonté nationale, et a été
élu d'après toutes les formes voulues. Mais, à propos, qu'a de commun un gouvernement improvisé
de ville en ville, avec le passage d'une diligence sur-
montée d'un drapeau? Quel rapport y a-t-il entre
eux ? Quel sens, quelle idée peut-on y rattacher?
Quant à moi, je n'en aperçois aucun, et, si je ne
me trompe, cette pensée est fort embrouillée et
très-vide : le tort est peut-être de mon côté, mais
j'avoue mon impuissance à lui trouver quelque
expression et la manière dont il faut l'envisager.

« Ceux qui ont commencé le mouvement le vou-
» laient-ils aussi complet? » Inspirés par la liberté,
ils ont voulu tout ce qu'elle leur a suggéré, tout ce
qui s'est effectué depuis. L'accomplissement de leurs
vœux est une juste conséquence de la volonté de la
divinité qui les dirigeait en juillet.

« Chaque peuple a son défaut; celui du peuple
» français est d'aller trop vite, de traverser tout, etc.:
» nos conquêtes auraient dû s'arrêter au Rhin, et
» nous avons couru à Moscou, et nous voulions
» courir aux Indes. » Mais tous ces défauts, que vous
reprochez au peuple français, sont ceux de l'homme
de tous les temps, de tous les lieux, de tous les
rangs : examinez avec soin sa nature, ses passions,
son insatiable cupidité, et vous verrez que jamais
il n'est content de ce qu'il a, qu'il aspire toujours
à l'agrandir, à aller au delà de ses besoins; qu'il ne
connaît aucunes limites dans ses désirs : c'est un
fleuve qui veut, malgré tout, rompre les digues qui
le retiennent. Le caractère dont vous faites un crime
à cette nation est celui de toutes les nations, tant
anciennes que modernes. Alexandre, César, tous
les conquérans du monde, se sont-ils jamais arrêtés
dans leurs conquêtes? Ne se sont-ils jamais portés
au delà du but? N'ont-ils jamais foulé aux pieds les
idées et brisé tout ce qui s'opposait à leur marche?
Appliquer les défauts dont vous venez de faire mention, seulement aux Français, ce n'est pas connaître l'homme, ce n'est pas avoir tiré de justes conséquences de l'histoire. Cette opinion me paraît d'autant plus étrange qu'elle part d'un homme qui vient
de lancer dans le monde ses *Études historiques*, où
elles ont produit quelque sensation.

« Je ne puis servir le gouvernement qui existe,
« parce que je crains qu'il ne puisse arriver à l'or-
» dre que par l'oppresion de la liberté, et qu'il me
» semble exposé, s'il veut maintenir la liberté, à

» tomber dans l'anarchie. » Libre à vous de dire que vous ne pouvez servir le gouvernement actuel, quelle qu'en soit la cause; mais motiver votre refus sur les raisons que vous nous donnez, c'est confesser l'impossibilité d'en trouver de bonnes : il me semble qu'il aurait mieux fallu les passer sous silence. Ce n'est pas quand ce gouvernement est parvenu à étouffer toutes les émeutes qui ont éclaté depuis sa naissance, quand il nous prouve à chaque instant qu'il est en sa puissance de maintenir l'ordre sans porter d'atteinte à la liberté, qu'il a consolidée au milieu des or ages, qu'il conservera sans tomber dans l'anarchie, qu'on peut appuyer le refus de le servir sur des craintes si frivoles, si futiles, si chimériques, qui n'ont aucun fondement.

« L'incertitude de l'avenir est si grande; on con-
» naît si peu le point de l'horizon d'où partira la lu-
» mière, etc., qu'on ira peut-être mieux que je ne
» le pense et aussi bien que je le désire. » Pour quiconque a su s'initier dans les mystères de la révolution de juillet, qui observe avec attention les événemens qui se passent sous nos yeux, qui sait en calculer exactement toutes les chances, l'incertitude de l'avenir n'est plus une énigme; cet avenir, plein d'espérances, peut-être aussi sûrement envisagé et aussi justement apprécié que le présent. Le point de l'horizon d'où partira la lumière n'est plus obscurci par aucuns nuages; le souffle de Louis-Philippe les a dissipés : il est aisé de le découvrir. Ce point n'est autre que la monarchie actuelle, qui, éclairée par les fautes des gouvernemens qui l'ont

précédée, cherchant à mettre à profit l'expérience qu'ils ont laissée, marchera mieux que vous ne le pensez et aussi bien que vous le désirez. Les pas qu'elle a déjà faits, les actes qu'elle a accomplis nous en sont un sûr garant.

« Je n'ai point voulu me mettre en contradiction » avec moi-même, armer mon long passé contre » mon court avenir, rougir à chaque mot qui sorti- » roit de ma bouche, ne pouvoir me relire sans bais- » ser la tête de honte. » La patrie étant toujours la même, le principe de sa conservation et de ses in- térêts étant immuable et ne pouvant se confondre avec ceux d'un seul homme, qui sont si variables, souvent contraires à son bonheur et à sa gloire; toutes les fois qu'on la sert avec conscience et loyauté, on ne se met jamais en contradiction avec soi-même, on n'expose ni son honneur ni sa réputation, ja- mais on n'a à rougir de lui sacrifier ce qu'on a de plus cher dans le monde. Avant d'appartenir à un seul homme, on appartient à son pays; le dévouement qu'on lui doit, la conduite qu'il faut tenir envers lui, ne sont pas ceux d'un serviteur envers son maître.

Maintenant que j'ai manifesté en détail mon opi- nion sur la brochure de M. de Chateaubriand, il me reste fort peu de choses à dire sur l'ensemble. Cette brochure est très en dessous de sa renommée, très en dessous d'un ministre, d'un ambassadeur; mais il est vrai que ce ministre, cet ambassadeur, a été employé par Charles X, et que la restauration a toujours eu soin de s'entourer, comme il le dit lui-même, d'hommes à grands talens, tels que les Villèle, les Corbière, les Damas, les Peyronnet, les Polignac, etc., tous très-profonds diplomates, capables de jouer le ciel et la terre, et qu'elle n'est tombée que parce qu'elle a pris le noble vicomte pour un ennemi. Cet aveu, aussi ingénu que modeste, donne beaucoup d'éclat au caractère et à l'importance de M. de Chateaubriand dans les affaires publiques.

Cette brochure, écrite plutôt par un homme de lettres distingué que par un homme consommé dans la politique, où la logique, par fois trop négligée, souvent appuyée sur des raisons peu solides et des raisonnemens très légers, qui ne s'enchâssent pas toujours bien les uns dans les autres, est, selon moi, très superficielle; rien n'y est envisagé avec profondeur ni justesse; les événemens qui agitent l'Europe n'y sont pas appréciés comme ils devraient l'être par un homme qui a occupé de si hautes fonctions, et ne sont pas vus d'un point bien élevé : ils sont peints sous de fausses couleurs, et les conséquences que l'auteur en tire ne sont ni justes ni persuasives; elles ne sont pas celles de quelqu'un qui ait su pénétrer les profonds mystères de la révolution de juillet, ni qui ait bien saisi la cause du mouvement aujourd'hui imprimé à l'Europe, et les effets qui doivent en résulter. Entre la dynastie déchue et la monarchie nouvelle, il ne tient pas une juste balance; il élève beaucoup trop l'une et ne rend pas assez de justice à l'autre, quoique ses actes, dont il ne fait aucune mention, fussent bien dignes d'être remarqués et de mériter l'éloge des hommes impartiaux. Les prédictions que cet écrit renferme me paraissent dénués de vraisemblance, et ne s'accompliront pas plus que celles qu'il a faites à l'égard de la branche aînée des Bourbons, dans son livre des quatre Stuart. M. de Chateaubriand n'est pas heureux dans ses prophéties.

Il n'augure pas bien de la révolution de juillet. Je ne suis pas du tout de son avis, et je pense que de cet orage il sortira les plus belles fleurs et les meilleurs fruits pour la France, ainsi qu'un brillant avenir. Les lois qui se sont discutées à la tribune française, la tournure que prennent les affaires extérieures, où le poids du gouvernement actuel n'est pas sans influence, la paix assurée sans guerre, la situation des cabinets européens, la tendance des peuples vers une indépendance appuyée sur une liberté basée sur des lois faites pour le bien et l'intérêt de tous, sont des indices sur lesquels je fonde mes pressentimens. Mais ce qui, selon moi, donne encore du poids à cette opinion, ce qui lui donne de la solidité, ce qui doit en faire conclure les plus heureux présages, c'est la non-condamnation à mort des ex-ministres de Charles X. Cette action, due au prince qui nous gouverne, à ses vertus, à ses hautes lumières, à son amour pour le bien public et l'humanité, est, sans contredit, la plus belle, la plus admirable, la plus généreuse, qui puisse jamais illustrer un nouveau règne; rien n'est au-dessus d'elle; sa gloire est incomparable; elle efface celle des siècles passés; elle atteste, à la face du ciel et de la terre, la grandeur et la supériorité de notre âge sur tous les âges écoulés; elle atteste l'élévation de la civilisation de la nation française, qui, par ce seul trait, est sans rivale sur la terre. Qu'il est glorieux pour notre pays d'avoir pour souverain, celui qui, le premier, a donné le signal de cette céleste clémence! Hommes sans chaleur, sans lumières, sans âme, vous ne sentez pas tous les effets d'une si noble action; vous auriez voulu voir couler le sang; vous auriez voulu entacher ce beau fait de la révolution de juillet de votre soufle impur; mais son génie et sa liberté vous ont arrêtés dans votre élan barbare, ont paralysé les efforts de votre brutale et sauvage ignorance; ils ont conservé intacte, à la France, la gloire à jamais mémorable des trois journées. Oui, si votre stupidité avait été écoutée, si vos clameurs avaient eu de l'influence, cette révolution n'aurait pas été sans tache; elle aurait perdu tout son éclat. Hommes sans études, sans sentimens, sans philosophie, s'il vous reste quelques parcelles d'une âme humaine, admirez et taisez-vous.

Où est la source de tous les miracles qui, depuis juillet, se manifestent de toutes parts, éblouissent nos regards, étonnnent notre raison, accablent et suspendent notre pensée? Qui les a produits, qui les a accomplis? la liberté, le patriotisme. Ah qu'il est beau, ce feu sacré de la patrie, qu'il est brûlant, qu'il est admirable! De quels nobles et généreux sentimens il vous inspire! Quelles merveilles il enfante! heureux, cent fois heureux celui qui en est animé; quelles douces et tendres émotions il en éprouve! au seul nom de patrie, son cœur s'émeut;

à son seul danger son ame s'enflamme ; il sent bouil-
lonner dans ses veines, une ardeur à tout vaincre,
un courage à tout abattre. Malheur à ceux qui ne
le ressentent pas, honte à jamais à ceux qui le re-
poussent. Et vous, généreux Français, dignes compagnons des Polonais, qui, comme eux, avez donné
tant de preuves éclatantes de cette flamme céleste,
ne souffrez pas qu'on éteigne en vous ces sublimes
élans d'amour de la patrie ; ne souffrez pas que des
hommes, indignes de porter votre nom, viennent en
étouffer les précieux germes. Réunissez-vous autour
de celui dont le trône, encore dans son aurore,
promet de si beaux jours, de celui qui est l'i-
mage vivante et le vrai modèle de ce feu si pur et
si sacré. Sous son empire, tout prendra un nouvel
essor, tout se fécondera ; l'industrie et le commerce
répandront partout leurs trésors ; les sciences, les
arts, se perfectionneront et brilleront d'un éclat
vif et pur. Alors la France, resplendissante de pros-
pérités et de lumières, peuplées, comme la demeure
du Tout-Puissant, d'astres étincelans, sera appelée
par tous les peuples le ciel de la terre et saluée par
eux le firmament de l'homme.

FIN.